한국의 젊은 주식 부자들

일러두기

1. 이 책은 한정수 저자가 경제지 <머니투데이>와 유튜브 채널 <부꾸미-부자를 꿈꾸는 개미>를 통해 만난 성공한 투자자들과의 인터뷰(2020년 1월~2022년 6월) 일부를 바탕으로 재구성한 것이다.

2. 인터뷰 내용 중 편집 및 가공된 부분이 있어 일부를 제외하고는 익명으로 처리했다.

내 주식 계좌에 잠든 빨간불을 깨우는 30가지 인사이트

한국의 젊은 주식 부자들

한정수 지음

YOUNG & RICH

TORNADO
토네이도

종종 잠에 들기가 힘이 듭니다. 그럴 때면 망상의 공간으로 침잠하고는 합니다. 그 안에서 저는 세계적으로 유명한 스포츠 선수도 되었다가 가슴 아픈 멜로 드라마의 주인공도 되었다가 손주들 손을 잡고 한적한 공원을 산책하는 노인이 되기도 합니다. 그리고 꽤 자주, 주식 투자로 주체하기 힘들 만큼 엄청난 부를 거머쥔 사람이 된 모습도 떠올렸습니다.

누구나 부자가 되고 싶어 합니다. 쓸쓸하지만 돈이면 안 될 일이 거의 없는 세상이니까요. 일부 고소득자들을 빼고는 근로 소득만으로 넉넉하게 살아가기 힘든 시대입니다. 투자를 하지 않으면 뒤처지게 되고 말 겁니다. 수년 전, 이런 생각이 꼬리에 꼬리를 물고 이어지다 투자 공부를 제대로 해봐야겠다는 마음이 들었습니다.

증권부 기자가 된 것은 행운이었습니다. 취재라는 명목하에 주식 시장 경험이 많은 전문가들을 쉽게 만날 수 있었으니까요. 우연히 〈부꾸미-부자를 꿈꾸는 개미〉라는 유튜브 채널을 운영하게 된 것도 좋은 기회가 됐습니다. 젊은 나이에 경제적 자유를 이룬 투자자들을 수도 없이 많이 만났습니다.

처음 젊은 주식 부자들을 만날 때 감히 무언가 배워야겠다는 생각이 들지는 않았습니다. 저와는 아예 다른 종류의 인간들이라고 생각했습니다. 특별히 빼어난 재주가 있어서 저렇게 될 수 있었을 것이라고 지레짐작했던 것 같습니다. 그런데 신기하게도 30명, 50명, 만나는 사람 숫자가 늘어날 때마다 저도 저렇게 될 수 있다는 희망이 생겼습니다. 그들이 공통적으로 하는 말, 공통적으로 하는 행동이 들리고 보이기 시작한 겁니다.

어림잡아 100여 명의 주식 부자들을 만났습니다. 그들의 사고 방식, 구체적인 투자방법, 시간 및 멘탈 관리법 등 투자를 잘하는 데 필요한 다양한 노하우에 대한 설명을 들었습니다. 그중에서도 많은 투자자들이 공통적으로 하는 말들을 이 책에 최대한 녹여내려고 노력했습니다.

1장은 성공적인 투자를 위해 목표를 세우는 방법과 '지식, 경험, 자금'을 모으는 자세와 관련한 내용입니다.

2장은 세상을 관찰하고 투자로 연결하는 방법, 젊은 주식 부자들이 종목을 고르는 법과 구체적인 투자 전략을 소개합니다.

3장은 시장의 부침에 흔들리지 않으려면 어떤 마음가짐을 가져야 하는지와 하락장에서 기회를 찾는 방법에 대해 알아봅니다.

좋은 제안을 주시고 책이 완성될 수 있도록 도와주신 토네이도 관계자 여러분들, 출간의 여건을 마련해 주신 머니투데이 이한메 이사님과 박재범 증권부장님께 감사의 말씀을 전합니다. 김사무엘 기자, 방진주 PD, 김윤희 PD, 지금은 회사를 떠난 이주아 씨, 권연아 씨 등 동료들이 항상 아이디어와 영감을 주고 물심양면 도와줘서 책을 잘 써낼 수 있었습니다. 감사합니다.

투자를 평생의 숙제로 삼는 사람들이 많습니다. 투자는 언제나 어렵지만 반드시 해야만 하는 일이라는 생각이 듭니다. 이 책이 그 숙제를 풀어나가는 데 조금이라도 도움이 되기를 바랍니다.

한정수

2장 실전 전략
다시 오를 종목은 정해져 있다

3장　대응과 성장
공포의 하락장을 새로운 기회로 이용하는 법

부록　주식에서만 기회를 찾지 말자

YOUNG & RICH

1장
도약 준비

0에서 시작하여
지식, 경험, 자금을 모아가는 법

자본주의 세상에는
2가지의 길이 있다

"투자는 왜 시작하게 되셨나요?"

주식 투자로 부자가 된 사람들을 만날 때마다 던진 질문이다. 그간 만나 본 100명이 넘는 사람들 중에서 누구 하나 명쾌한 답변을 주는 이가 없었다. 대체로 "돈을 더 벌기 위해서", "요즘 같은 때 주식 투자 안 하면 손해니까"와 같은 평범한 답변이 돌아왔다. 그중에는 자신만의 투자 철학을 매우 길게 설명하는 이들도 있었지만 마음에 크게 와닿는 경우가 많지 않았다. 필자를 비롯한 불특정 다수의 초보 투자자들에게 도움이 될 만한 내용은 아니라는 생각이 들었다.

그러던 중 이제 막 서른 살이 된 청년으로부터 꽤 그럴듯한 답변을 듣게 됐다. 유튜브 채널 〈세상학개론〉을 운영하는 한정수 씨(필자와 동명이인, 이하 H씨라고 칭함)에게서다. 명문대를 졸업하고 금융권 대기업에 다니던 그는 3000만 원으로 투자를 시작해 4년여 만에 30억 원이 넘는 수익을 올렸다. 국내, 해외 주식 및 비트코인 등 가상자산에 투자해 100배가 넘는 수익률을 기록했다. 아마 이 책이 출간될 때쯤엔 50억 원, 100억 원으로 자산이 불어났을지도 모를 일이다.

그를 만난 것은 2021년 4월과 10월 두 차례다. 그가 막 퇴사를 결정했을 때 처음 만났다. 그의 투자 노하우, 투자에 임하는 자세, 멘탈 관리법 등 많은 이야기를 들었다. 그리고 마지막으로 왜 투자를 시작하게 됐는지 물었다. 누구나 이름만 대면 우러러보는 대학교를 졸업하고 또 누구나 이름을 대면 알 만한 회사에 다니면서 또래보다 더 많은 연봉을 받던 그가 왜 주식과 가상자산에 투자를 하기 시작했을까? 위험하게 빚까지 내가면서. 진심으로 궁금했다. 만약 필자가 그와 비슷한 인생을 사는 사람이었다면 아마도 평범하게 과소비하지 않는 선에서 월급으로 받은 돈을 쓰면서 살아갔을 것이다.

"사실 잘 생각해보면 우리 모두 투자를 안 하고 있는 사람은 없거든요. 본인이 투자를 안 하고 있다고 생각해도 누구나 다 투자를 하고 있다는 거예요. 대부분의 직장인들은 시간이라는 자산을 투자해서 월급을 받죠. 이것도 일종의 투자인 거죠. 현금만 많이 가지고 있는 분들은 현금에 투자를 하고 있는 거고요. 집만 가지고 계신 분들은 부동산에 투자를 하고 있는 셈입니다. 그러니까 투자는 선택의 문제가 아니라 필수라는 거죠. 이걸 빨리 인지하고 적극적으로 자신만의 투자 전략과 철학을 가지고 투자를 해야 한다고 생각해요. 사실 투자는 빨리 깨달을수록 좋은 것 같아요. 자산이 아예 없는 사람은 없잖아요."

듣다 보니 정말 맞는 말이었다. 우리는 무언가를 얻기 위해서 무언가를 포기해야 한다는 원리를 경험적으로 알고 있다. 이게 주식 투자에도 적용되는 말이라는 점을 다시금 깨달았다. 내 시간을 포기하고 회사에 다니는 일이나, 당장 사고 싶은 물건을 사지 않고 삼성전자 주식을 사서 들고 있는 일이나, 사실은 큰 차이가 없는 투자 활동이라고 생각하니 우리가 왜 투자를 해야 하는지 조금 더 명쾌하게 알게 된 기분이었다. 자본주의 사회에서 살아가려면 누구나 돈이 필요하니까. 많이 벌어 나쁠 것이 없으니까.

우리는 모두 투자할 수밖에 없는 운명이다

"우리가 사는 자본주의 세상에는 2가지의 길이 있다고 생각해요. 덧셈의 길이 있고 곱셈의 길이 있는데, 제가 회사에 다니면서 받는 월급이나 그런 평탄한 길은 덧셈의 길에서는 굉장히 좋은 포지션이 맞아요.

그런데 자본주의 세상이다 보니까 사람들이 반드시 곱셈의 길도 생각을 해야 한다고 보거든요. 주식 투자 같은 소득이 바로 곱셈인데요, 저 같은 경우는 평탄했던 덧셈의 길이 흔들림 없이 안정적으로 곱셈의 길을 걸어갈 수 있는 바탕이 됐던 거죠. 사실 덧셈의 길 자체가 힘들면 곱셈의 길로 넘어가기조차 힘들거든요. 하루 벌어 하루 먹고 사는 사람이 여윳돈으로 주식 투자를 할 수는 없는 거잖아요."

평범한 직장인의 삶은 덧셈의 길, 투자를 통해 소득을 얻는 인생은 곱셈의 길이라는 표현이 신선했다. 투자는 시드머니의 크기에 따라서 수익이 불어나고 줄어드니까, 계속 곱셈의 길을 빠르게 잘 걷다 보면 어느 순간 덧셈의 길이 무의미해지는 순간이 온다는 것이 그의 설명이었다.

"시드머니가 한 1억 원 이상이 되면 덧셈의 길보다 곱셈의 길이 더 넓어져요. 그리고 10억 원에서 20억 원이 되면 덧셈의 길이 비효율적으로 되더라고요. 시간 쏟는 것에 비해서요.

주식 투자를 쉽게 앉아서 돈 버는 것이라고 생각하지만 결국에는 현명한 의사결정에 의해서 몇 억, 몇 십 억의 돈이 왔다 갔다 하는 거라서요. 생각보다 시간을 굉장히 많이 쏟아야 돼요. 그래서 공부도 많이 해야 하고요.

그러니까 저는 이제 직장 다니는 시간을 월급에 쏟는 것보다 주식 투자에 쏟아서 좋은 선택을 하는 게 더 큰 이득을 불러다 줄 수 있을 것 같다고 생각해서 퇴사를 결심하게 된 겁니다."

물론 우리 모두가 다 곱셈의 길만 걸을 수 있는 것은 아니다. 노력은 기본에, 운도 따라줘야 하는 일이다. 거기다 큰 수익을 얻었을 때 자제할 줄 알아야 하고 손해를 볼 때 크게 흔들리지 않아야 한다. 무엇보다 이런 어마어마하게 위험하고 스트레스받는 일을 적어도 몇 개월 이상은 꾸준히 할 수 있어야 한다.

한 가지 확실히 말할 수 있는 점은 우리 모두 곱셈의 길이 있다는 것을 인지하고 최대한 빠르게 발을 들여야 한다는 것이다. 많은 젊은 주식 부자들을 만나고 나름의 연구를 하다 보니 "투자는 왜 시작하게 되셨나요?" 따위의 질문은 아무 의미가 없는 멍청한 질문이었다는 생각을 하게 됐다. 자본주의적 시장경제 체제 아래서 살아가는 우리는 모두 투자를 할 수밖에 없는 운명이다. 주식을 사고, 가상자산을 사고, 때로는 금과 은, 달러를 사는 행위는 결국 돈을 벌기 위한 수단이다. 내 하루 24시간의 거의 절반을 들여 직장에 다니는 것과 다를 바 없는, 아주 당연한 일 일 뿐이다.

나는 왜 투자를 해야 하고, 시작 또는 지속해야 하는지 적어보자. 시각화는 성공의 첫걸음이다.

no.	목표 달성일	목표 금액	목표를 달성해야 하는 이유
1			
2			
3			
4			
5			
6			
7			

목표를 능력보다
높게 설정하라

우리는 누구나 무슨 일을 할 때 목표를 세운다. 학창 시절을 떠올려보자. 나름의 그럴듯한 목표 한두 개쯤은 가지고 있었을 것이다. '이번 중간고사에서 전 과목 평균 90점을 넘기겠다', '서울에 있는 어떤 대학에 가겠다' 등등의 목표 말이다. 물론 '적당히 열심히 공부해서 나오는 점수를 받아들이겠다', '점수 나오는 대로 맞춰서 대학에 가겠다' 하는 사람들이 있었을 수 있다. 그런데 경험적으로 그런 마음가짐으로 좋은 성과를 거둔 사람을 본 적은 거의 없다.

목표는 구체적으로 세워야 한다는 게 상식이다. 언제까지 어떤 일을 달성하겠다고 정해놔야 그 목표를 달성하기 위해 필요한 방법들을 찾을 수 있다. 그래야 세부 계획을 수립할 수 있고 차근차근히 목표를 향해 달려나갈 수 있게 된다. 주식 투자 역시 마찬가지다. 그간 만나 본 젊은 주식 부자들 중 별다른 목표를 세우지 않고 무작정 투자를 해서 부자가 된 사람은 한 명도 없었다. '모두가 10년 뒤 50억 원을 벌겠다', '올 한 해 10%의 수익률을 기록하겠다' 같은 구체적인 목표를 세우고 달성해 온 사람들이었다.

한 가지 더 강조하고 싶은 점은 젊은 주식 부자들은 대체로 목표를 말도 안 되게 크게 잡았다는 것이다. 실현 가능한 목표를 세운다기보다 '와, 저게 될까?' 싶을 정도로 큰 목표를 잡는 경우가 많았다. 처음에는 조금 놀랐다. 잘 이해가 되지 않았다. 그런데 이유를 들어보고 점차 납득이 되기 시작했다. 10억 원의 수익을 내겠다는 목표로 투자를 하면 10억 원의 수익을 낼 방법만 생각하게 되니까, 조금 실수를 하고 미끄러지면 수억 원 수익에 그친다는 것이다. 그래서 아예 100억 원의 수익을 내겠다는 목표를 잡아야 한다는 논리다.

이런 이야기를 듣고 필자가 수험생활을 하던 때가 생각났다. 재수학원에 다닐 때 한 강사가 이런 말을 했던 기억이 떠올랐다.

"본인 스스로 공부 좀 한다고 생각하는 학생들은 무조건 목표를 크게 잡으세요. 서울대 갈 성적을 만든다고 생각하시라는 겁니다. 그래야 연세대나 고려대 가는 겁니다. 제가 재수 학원 경력이 20년인데 애매하게 서울 중위권 대학 목표로 해서 공부하다가 서울대나 연세대 가는 학생을 본 적이 없어요. 서울대 목표로 공부하는 학생 중 극소수가 진짜 서울대 가는 거고요. 그 학생들 중에서 대다수가 그 밑 대학으로 가게 됩니다. 그러니까 좀 무리한다 싶게 목표를 잡고 공부를 해야 합니다. 자기 스스로 한계를 두지 마세요."

어린 나이에 꽤 큰 울림이 있었던 것 같다. 그 전에는 실현 가능한 목표를 잡고 노력하는 것이 바람직한 것이라고 생각했었다. 곰곰이 생각해보니 그럴 필요가 없다는 것을 깨달았다. 사람은 대체로 뭔가 목표를 세우고 그 목표 이상의 성과를 초과 달성하면 운이 좋았다고 생각한다.

그런데 관점을 바꿔 보자. 운이 좋았던 것이 아니라 목표가 낮았던 것이라고. 그 목표 이상의 성과를 충분히 달성할 수 있는 능력이 나에게 있었던 것이다. 그러니까 일단은 목표를 크게 세워야 한다. 목표가 크다고 해서 나쁜 것은 전혀 없지 않은가.

목표가 커지면 노력도 커진다

30대 후반 전업 투자자를 만난 적이 있다. 대학생 때부터, 20년 가까이 주식 투자를 했다. 투자 수익이 점차 늘어나면서 부동산 자산도 매입하기 시작했다. 지금은 서울에 아파트를 두 채나 보유 중이다. 그런 그도 처음에는 소박한 목표를 가지고 투자를 시작했다. 그런데 어느 순간 목표를 더 크게 잡아야 한다는 생각이 들었다고 한다.

"저 같은 경우에는 투자를 시작할 때부터 매년 10% 수익을 목표로 잡았어요. 처음에는 손실을 볼 때도 있었는데요, 3년 정도 뒤부터는 손해를 본 적은 없는 것 같아요. 10%를 목표로 잡고 조금 실수하면 5~6% 수익이 날 때도 있고 7~8% 수익이 날 때도 있더라고요. 당연히 가끔씩은 12% 이렇게 초과 수익이 날 때도 있었죠.

그렇게 한 10년을 주식 투자를 하고 나니까 이런 생각이 들더라고요. 내가 너무 10%라는 목표에만 집착한 것 아닌가. 왜냐하면 사람이 목표를 딱 세우고 나면 그 목표를 달성할 방법을 고민하게 되잖아요. 그러니까 저는 돈을 2배로 불릴 생각 같은 건 전혀 하지 않고 안전하게 10% 수익 낼 생각만 하고 있었던 거죠.

그래서 제가 한 번은 1년에 20% 수익을 내겠다는 목표를 세우고 투자를 해봤어요. 새로운 도전이었죠. 그러니까 공부도 더 열심히 하게 되고 판단도 더 신중하게 하게 되더라고요. 제 기억에 그때 한 15% 정도 수익을 낸 것 같아요. 그리고 생각했어요. 목표는 크게 잡으면 잡을수록 좋겠구나."

물론 초보 투자자들이 너무 높은 수익률을 목표로 하는 것은 위험할 수 있다. 목표를 달성하기 위해 무리한 선택을 할 수 있어서다. 그래도 목표가 낮은 것보다는 높은 것이 낫다. 2배만 생각하는 사람은 10배로 갈 수 있는 길을 고민조차 하지 않게 될 테니까 말이다.

주변에 아무런 목적의식 없이 투자하는 사람들을 많이 봤다. 필자 역시 그랬다. 누가 오를 것 같다고 하니까, 그냥 느낌이 좋은 것 같아서 주식을 샀다. 그리고 대충 조금 오르면 팔아야겠다고 생각을 했다. 벌면 좋고, 아니면 운이 없었네, 어쩔 수 없었네 하는 식이었다. 그러니 별다른 동기 부여도 되지 않았고 투자에 열심히 임하지 못했다.

그런데 젊은 주식 부자들을 만나보면서 자세가 확 바뀌게 됐다. 구체적으로 1년 10% 수익률을 내겠다는 목표를 세웠다. 이렇게 구체적으로 꽤 높은 목표를 세우게 되니 더 고민을 많이 하게 된다. 종목 선택은 시간을 충분히 갖고 신중하게 하게 됐다.

특히 손해가 날 때 6개월이고 1년이고 무조건 버티지 않고 적절
히 매도를 하게 됐다. 긍정적인 변화다.

젊은 주식 부자들이
공통적으로 읽은 책

펀자는 대학에서 문학을 전공했다. 서점에 가면 소설이나 시집, 에세이를 주로 산다. 사회과학 도서나 실용서에는 손이 잘 가지 않는다. 기자라는 직업을 가진 뒤에서야 그런 책들을 읽기 시작했다. 다양한 책을 많이 읽어야 한다는 강박이 생겨서다. 물론 최근에는 주식이나 투자와 관련한 책들도 많이 보기 시작했다. 기술이나 자세 등 실제 투자할 때 도움이 될 만한 내용들을 많이 읽었다.

젊은 주식 부자들 중에는 책에서 영감을 얻었다는 사람들이 많다. 투자에 눈을 뜨게 된 계기를 묻는 형식적인 질문에 꽤 많은 사람들이 책을 읽고 나서 인생이 바뀌었다고 답한 것이다. 무슨 책이냐고 물으니 로버트 기요사키의 《부자 아빠 가난한 아빠》라는 답이 돌아왔다. 체감상 100여 명 중 절반 이상이 이 책을 읽어봤다고 답했고, 그들 중 또 대다수가 이 책을 투자 인생의 지침서로 꼽았다.

《부자 아빠 가난한 아빠》는 1997년 출간된 이래 전 세계에서 4000만부 이상 팔린 책이라고 한다. 우리나라에서만 350만부 넘게 팔렸다. 이 책은 저자가 어렸을 때 겪은 두 아버지의 이야기를 통해 부자와 가난한 사람의 사고방식을 비교하는 것을 큰 축으로 하고 있다.

워낙 두꺼운 책이라 간단하게 요약하기 힘들지만 이 책을 관통하는 핵심 주제는 간명하다. 부자가 되기 위해서는 금융지식이라고 하는, 돈에 대한 공부를 해야 한다는 것이다. 작가는 금융지식은 학교에서 배우는 공부와 다르다고 주장한다. 궁극적으로는 돈이 우리를 위해 일하게 해야 한다고 역설한다.

책은 간접 경험을 제공한다. 그 간접 경험을 통해 동기 부여가 되기도 하고 학습을 하기도 한다. 그런 의미에서 대가들이 쓴 책이나 실용서를 다양하게 읽어보는 것은 분명 투자 인생에 큰 도움이 될 것이다. 이 책 역시 도움이 되는 책이 되기를 바란다.

다음은 삼성전자, 현대카드 등 대기업에 다니다가 주식 투자로 조기은퇴를 한 30대(이하 J씨라고 칭함)의 말이다. 그는 투자를 제대로 해봐야겠다는 마음을 먹고 본격적으로 주식 계좌를 만들기 전에 300권이 넘는 책을 읽었다고 한다.

"투자에 관심을 갖게 된 때가 2014년쯤이에요. 그 당시에는 지금처럼 투자 정보를 쉽게 접할 수 있는 영상매체나 이런 것들이 거의 없었어요. 그래서 저는 책으로 열심히 공부를 했는데 돌이켜 생각해보면 큰 도움이 됐던 것 같아요. 책 덕분에 경험이 많은 투자자처럼 판단을 내리고 행동할 수 있었어요. 권수가 중요한 것 같지는 않고요. 오랜 기간 검증이 된 양서들을 여러 번 보는 게 더 도움이 된다고 생각합니다."

필자 역시 비슷한 경험을 한 적이 있다. 다양한 투자 관련 서적을 읽어도 이상하게 마음이 움직이는 경우가 별로 없었다. 뭔가 몰입이 안 된다고 해야 할까. 그런데 인터뷰를 하다가 추천받은 책 앙드레 코스톨라니의 《돈, 뜨겁게 사랑하고 차갑게 다루어라》를 읽고 나서 생각이 바뀌었다. 그간 어렴풋이 알고 있던 주식 시장에 대한 개념이 명확해지는 느낌이었다. 투자를 제대로, 열심히 해봐야겠다는 생각도 함께 들었다.

반드시 생각과 상상을 통해 전략을 짜고 난 뒤에 투자 행위를 해야 한다는 점을 배웠다. 그리고 자신의 생각을 믿어야 한다는 것도 깨달았다. 앙드레 코스톨라니는 '인내가 주식 투자에서 가장 중요한 요소'라고 강조한다. 또 용기가 있어야 하고 현명해야 한다는 점도 그가 강조하는 부분이다.

책을 한 권 읽었을 뿐인데 자신감이 충만해졌다. 신기한 경험이었다. 이런 경험을 한 이후로 누군가 투자가 어렵다고, 뭘 어떻게 해야 할지 모르겠다고 말하면 반드시 좋은 책을 읽어 보라고 추천해준다. 책 한 권 제대로 읽어보지 않고 투자에 뛰어드는 사람들이 주변에 생각보다 꽤 많다.

이왕 책 이야기가 나온 김에 젊은 주식 부자들이 공통적으로 추천해준 책을 몇 권 더 소개해보려 한다. 최소 2명 이상이 언급한 책들이다.

- 《주식 말고 기업을 사라(투자의 신 워렌 버핏의 주주서한)》 워렌 버핏 저
- 《월가의 영웅》 피터 린치, 존 로스차일드 저
- 《주식시장은 어떻게 반복되는가》 켄 피셔, 라라 호프만스 저
- 《현명한 투자자》 벤저민 그레이엄 저

물론 앞서 언급한 《부자 아빠 가난한 아빠》, 《돈, 뜨겁게 사랑하고 차갑게 다루어라》도 많은 추천을 받은 책들이다.

책으로 투자를 공부하는 것은 여러 가지 장점이 있다. 먼저 동

기 부여나 투자 기술 측면에서 깨달음을 얻을 수 있다. 자신감도 생긴다. 그리고 또 한 가지. 심리적인 측면에서 큰 도움이 된다. 책에는 대체로 투자를 하면서 이미 산전수전 다 겪어 본 사람들의 지혜가 담겨 있기 때문이다.

초보 투자자들이 투자를 할 때 가장 어려워하는 것 중 하나가 멘탈 관리다. 내가 산 주식만 떨어지는 것 같은 기분, 내가 팔자마자 주가가 올라갈 때의 그 암담한 기분을 모두가 한 번쯤 느껴 봤을 것이다. 그런데 좋은 책을 몇 권 읽고 나면 이런 기분에 쉽게 휘둘리지 않을 수 있다.

실제로 워런 버핏의 동업자로 유명한 찰스 멍거 버크셔 해서웨이 부회장은 투자와 관련한 추천 도서로 심리학자인 로버트 치알디니가 쓴 《설득의 심리학》을 꼽았다고 한다. 주식 투자를 잘하기 위해서는 마음을 잘 다스려야 한다는 것이 그의 지론이다.

마지막으로 1년에 20% 정도의 수익률을 5년 넘게 기록해 현재 자산이 5억 원을 넘었다는 한 직장인 투자자의 말을 소개한다.

"책은 이것저것 무조건 많이 읽어야 돼요. 주변에 같이 투자 공부하시는 분들 중에 정말 투자 잘하시는 분들, 그런 분들은 책을 달고 살아요. 골프를 배우는 것에 비유해 볼게요. 왜 이런 동작을 만들어야 되는지, 어떤 느낌으로 스윙을 해야 되는지 이론적으로 충분히 공부하고 실제 몸으로도 연습하는 사람과 그냥 별생각 없이 스윙 연습만 계속 하는 사람의 성장 속도는 다르잖아요.

투자도 마찬가지인 것 같아요. 무작정 그냥 투자부터 하지 마시고요. 먼저 책 보면서 공부 많이 하시고, 실전 투자하면서 체득하는 지식들도 잘 쌓아 가시면 더 좋은 투자 성과를 낼 수 있다고 생각합니다."

가장 기억에 남는 책과 읽고 싶은 책을 적어보고, 무엇을 기억해야 하는지 정리
해보자.

no.	기억에 남는 책	어떤 점이 좋았고, 무엇을 잊지 않아야 되는가?
1		
2		
3		
4		
5		

no.	읽고 싶은 책	왜 읽고 싶고, 어떤 점을 배우고 싶은가?	실행 여부(○, ×)
1			
2			
3			
4			
5			

당신의 삶을 움직이는
원동력은 무엇인가

주식 투자는 때때로 매우 고통스러운 일이다. 필자는 투자로 꽤 큰돈을 잃어본 경험이 여러 차례 있다. 정말 돌이켜 생각하기도 싫을 정도로 마음이 쓰렸던 경험이다.

첫 번째는 20대 후반일 때다. 친하게 지내던 후배의 아버지 친구분이 운영하는 작은 코스닥 상장사를 추천받았다. 그때는 사회부 기자일 때라 주식 투자와 자본시장 전반에 대한 이해가 지금보다 훨씬 부족했다. 그저 후배의 말만 듣고 거금 1000만 원을 투자했다. 조만간 더 큰 기업에 인수되면 주가가 몇 배는 오를 것이라고, 그 후배의 아버지도 이미 수억 원을 투자하셨다고 들었다.

결과는 당연히 대실패였다. 매수 이후 1주일간 슬금슬금 오르던 주가가 갑자기 곤두박질치기 시작했다. 몇 개월 지나지 않아 결국 절반 이하로 떨어졌다. 1년에 가까운 시간을 버티고 버텼다. 1000만 원이 300만 원이 됐을 때 결단을 내렸다. 이거라도 건지자는 마음이었다. 나중에 그 종목을 추천해 준 후배에게 따졌더니 그저 "면목이 없다"고 했다. 본인의 아버지도 큰 손해를 보셨다는 말과 함께.

두 번째는 비트코인 등 가상자산 열풍이 불 때였다. 하루가 멀다고 누가 얼마를 벌었네 하는 이야기가 귀에 꽂혔다. 금융권 대기업에 다니는 친구 하나는 이틀 만에 100만 원을 벌어서 신형 아이폰X를 샀다고 했다. 뒤처지기 싫었다. 바로 가상자산 거래소 앱을 다운받고 100만 원을 입금했다.

신기했다. 몇 초 사이에 이렇게 내 자산이 오르락내리락하다니! 타이밍만 잘 잡으면 쉽게 큰돈을 벌 수 있을 것 같다는 생각이 들었다. 당시 이더리움과 리플, 이오스 등 여러 가지 코인을 샀는데 하룻밤 사이에 100만 원이 120만 원으로 불어났다. '내 미래가 여기에 있구나'라는 생각에서 바로 투자금을 1000만 원으로 늘렸다.

기분이 좋았다. 금세 부자가 될 수 있을 것 같은 생각에 밤에 잠이 오지 않을 정도로. 그러던 어느 날 갑자기 법무부에서 장관이 브리핑을 한다고 했다. 사회부 기자일 때라 동료 기자들과 함께 과천으로 향했던 기억이 생생하다.

브리핑에서 박상기 당시 법무부장관은 돌연 가상자산 거래소 폐쇄를 언급했다. 가상자산과 관련한 우려와 폐해가 커 거래를 금지하는 법안을 준비하겠다는 말과 함께였다. 솔직히 속으로 '무슨 말도 안 되는 소리야. 여기가 무슨 중국인가?'라고 생각했다. 그런데 시장의 반응은 필자의 예상과 달랐다.

브리핑 관련 기사를 송고하고 나서 뒤늦게 앱을 켜 보니 매수했던 코인들이 모두 곤두박질치고 있었다. 하락세는 계속해서 이어졌다. 1000만 원이 500만 원이 되고, 급기야는 70만 원까지 떨어졌다. 지난번과 마찬가지로 이거라도 건지자는 마음으로 손절했다. 그 이후로 가상자산은 거들떠보지도 않는다.

이렇듯 곱셈의 길을 걷는다는 건 참으로 어려운 일이다. 평탄한 길만 있으면 좋으련만 때로는 울퉁불퉁하고 꼬불꼬불한 내리막길을 하릴없이 걸어가야만 한다. 언제 끝날지도 모르는 그 길을.

결과가 아닌 투자 자체를 즐겨라

그래서 투자로 성공한 사람들을 만나면 항상 이렇게 질문을 던졌다.

"투자를 하다보면 실패하고 좌절할 때가 참 많은데 그래도 투자를 해야 하나요?"

투자의 고수들은 대체로 이런 질문이 귀엽다는 듯 허허 웃는 경우가 많았다. 가장 인상 깊었던 답변을 소개한다.

"몇 년 전에 투자를 했는데 아직도 원금이 안 와서 들고 있는 경우 많죠. 저는 그런 걸 보고 지하실 골동품이라는 얘기를 하는데요, 스트레스는 받지 않아요. 그런 실패 리스크가 없으면 수익을 낼 수도 없는 거니까요.

제가 강의를 할 때도 항상 드리는 말씀인데요. 스트레스를 받지 않으셔도 되는 이유가 잃어버린 돈은 언제든 다시 찾을 수가 있어서예요. 나는 패배자야, 루저야. 이런 생각 안 하셨으면 좋겠어요. 금방 잔고가 채워진다는 믿음을 가지세요."

공모주 투자 고수로 유명한 한 블로거(이하 S씨로 칭함)의 말이다. 그는 재테크 관련 블로그를 운영하면서 또래 주부들과 활발히 소통하고 있다. 공모주, 달러 등에 투자해 꾸준히 1년에 10% 안팎의 수익률을 기록 중이다. 한 대형증권사에서 PB(프라이빗

뱅커)로 일했던 경험이 밑거름이 됐다. 퇴사를 한 이후 전업주부 생활을 하고 있는 그는 주식 투자가 삶의 원동력이라고 한다.

"퇴사를 한 뒤로는 왠지 내가 바보가 된 것 같고, 자존심과 자존감은 전부 바닥이고 그랬어요. 집안일이나 아이 키우는 일은 보상이 없잖아요. 열심히 해도 티가 안 나는데 안 하면 바로 티가 나요. 그러다 보니 내가 손해를 보는 것 같고, 우울했어요. 그런데 재테크를 해서 1000원, 2000원 벌기 시작하니 그게 그렇게 보람이 되더라고요."

이처럼 젊은 주식 부자들은 대체로 투자에서 기쁨을 찾는 경우가 많았다. 투자를 하고 돈을 잃거나 버는 행위 자체를 즐기는 것이다. 이 글을 읽는 누군가는 투자를 잘하니까 그런 것 아니냐고 반문할지 모른다. 그러나 그런 차원의 이야기가 아니다. 그들은 대체로 낙천적이다. 애초에 '투자는 피할 수 없는 것이고 투자를 하다 손해를 보는 일은 비일비재하니 흔들릴 필요가 없다'고 생각하는 듯했다.

필자는 가상자산 투자로 1000만 원에 가까운 돈을 잃은 뒤로 단 한 번도 가상자산 투자를 고려해보지 않았다. 아마 부자가 될 운명이 아니었던 것 같다. 만약 부자가 될 운명이었다면 1000만 원을 잃었을 때 이렇게 생각했겠지. '뭐가 문제였지? 공부를 더 해봐야겠다. 이번에 1000만 원 잃었으니 다음번에 분명 2000만 원을 벌 수 있을 거야'라고.

옛 어른들이 피할 수 없으면 즐기라고 했던가. 노력하는 자는 즐기는 자를 이길 수 없다고 했던가. 이 말들은 투자에도 적용되는 것 같다. 젊은 부자들은 투자는 당연히 해야 하는 것으로 생각하고 있었으며 긍정적이고 낙천적이었다. 그들에게 투자는 즐거운 일이었고 때로는 삶의 의미이자 원동력이었다.

그러니 이 글을 읽는 모든 분들이 주식 계좌 수익률이 마이너스라고 너무 전전긍긍하지 않았으면 좋겠다. 요행을 바라지 말고 하루하루 조금씩 공부하고 노력하다 보면 언젠가 부가 찾아올 것이다. 물론 부자로 가는 길은 험난할 것이다. 때로는 금쪽같은 내 돈이 줄어드는 경험도 할 수밖에 없다. 그래도 힘들어하지 마시라. 누군가의 말대로 잃어버린 돈은 언제든 다시 찾을 수 있다.

필자 역시 젊은 주식 부자들을 인터뷰하기 시작한 이후로 이런 마음가짐을 유지하려고 부단히 노력 중이다. 기자니까 투자를 잘 해서 별걱정 없는 것 아니냐는 오해는 하지 않으셨으면 좋겠다. 필자의 주식 계좌에는 몇 년째 빨간색보다 파란색이 훨씬 더 많다.

부자들이 처음 시드머니를 만들었던 공통적인 방식

부자가 되는 방법에는 여러 가지가 있다. 가장 먼저 떠오르는 방법은 자신의 능력을 최대한 개발하는 것이다. 남들보다 좋은 학위를 받거나, 쉽게 따기 어려운 자격증을 갖추면 높은 근로 소득을 얻어낼 수 있다. 타고난 재능을 잘 갈고닦는 일도 돈이 된다. 성공한 문화예술계 종사자들 중에는 어마어마한 부를 누리는 사람들이 많다. 이 밖에 수완이 좋아 사업을 잘하는 것도 일종의 재능이라고 볼 수가 있다.

앞서 언급한 방법들보다 조금 더 쉬운 방법이 있다. 바로 주식 투자를 통해 부를 쌓는 것이다. 물론 투자도 타고나서 잘하는 사람들이 있다. 그러나 특별한 재능이 없는 사람들도 일정 기간 꾸준히 노력만 한다면 어느 정도 수익을 낼 수 있다. 크게 욕심만 내지 않는다면 말이다.

그런데 투자를 하려면 일단 돈이 필요하다. 누군가의 말처럼 '내 돈이 일하도록 하는 것'이 바로 투자이니까. 투자금이 많으면 많을수록 위험성이 올라가지만 기대수익도 늘어난다. 당연히 투자금을 최대한 크게 만드는 것이 기본이다. 100만 원의 10% 수익은 10만 원이지만 1억 원의 10% 수익은 1000만 원이다. 때때로 이 당연한 이치를 간과하는 사람들이 많은 것 같다. 투자금이 얼마든 무작정 투자에 달려드는 사람들이 그렇다.

필자가 만나 본 젊은 주식 부자들은 공통적으로 자신들이 목표로 하는 시드머니를 만들 때까지 투자 공부를 하면서 돈을 꾸준히 모았다고 강조했다. 그렇다면 자신이 원하는 시드머니를 빠르게 만들기 위해서는 어떻게 해야 할까. 누가 투자 한 번 해보라고 몇 천만 원을 선뜻 건네주지 않는 이상은 많이 벌고 적게 쓰는 수밖에 없다. 특히나 평범한 직장인이 단기간에 큰 시드머니를 만들려면 지출을 줄이는 것 말고는 별다른 방법이 없다.

평범한 사람들도 쉽게 따라 할 수 있는 절약법

절약의 중요성을 보여주기 위해 한 30대 여성의 사연을 소개해볼까 한다. 책도 쓰고 유튜브도 하고 블로그도 하면서 자신의 절약과 투자 노하우를 많은 사람들과 공유하는 분이다. 최근에는 절약 전문 강사로도 활동 중이다.

그는 한때 월급을 120만 원밖에 받지 못하면서도 한 달에 500만 원씩 썼다고 한다. 경제관념이 부족했다. 그러다 아버지가 병환을 얻게 되면서 정신을 차렸다. 악착같이 돈을 모으기 시작했다. 번 돈의 80%는 저축을 했다. 그렇게 4년 만에 1억 원을 모았다. 그 이후 1억 원을 더 모으는 데는 2년이 걸렸다.

이렇게 모은 2억 원으로 투자를 시작한 지 5년여 만에 자산이 20억 원으로 늘었다. 주식 투자는 기본이었다. 어렵게 모은 돈을 쉽게 잃을 수 없어 우량주와 배당주 위주로 투자를 했다. 벤처기업에 직접 투자를 하기도 하고 P2P 투자(개인 간 금전 거래를 중개하는 특정 플랫폼에 자금을 빌려주고 원금과 이자를 돌려받는 것)도 했다. 그리고 서울 외곽의 아파트를 매입했다. 이 집이 자산 증식에 큰 도움을 줬다고 한다.

"2억 원을 모을 때까지는 투자를 생각도 해보지 않았어요. 투자를 해서 5% 이상의 수익을 낼 자신이 없어서 그랬어요. 예금,

적금만 활용해도 5%의 이자를 복리 효과로 벌 수 있는 방법들이 있거든요? 그래서 저는 일단은 무조건 절약을 해서 한 2억 원을 먼저 모으자고 생각했어요. 버는 돈의 80%를 저축한다는 기준을 세워놓고 지킨 거죠. 사람들이 어떻게 그렇게 큰돈을 금방모았냐고 물어볼 때가 있어요. 그러면 저는 정말 특별한 비법은 없다는 대답을 해드릴 수밖에 없어요. 돈 모으는 데 진짜 뭐 뾰족한 수가 있는 건 아니에요. 안 먹고 안 쓰고 저축하면 되는 거죠."

그는 평범한 사람들도 쉽게 따라 할 수 있는 절약법을 몇 가지 알려줬다. 그중 가장 인상 깊었던 것을 2가지 소개한다.

첫 번째는 바로 무지출 데이다.

"한 달에 지출을 아예 안 하는 날을 10번. 이렇게 규칙을 만들어 두는 거예요. 저는 지금도 한 달에 20번은 무지출 데이로 하고 있어요. 여기에서 그치는 게 아니라 그 반대로 지출 데이도 만드는 거예요. 돈을 쓰는 날을 정해 두고 그 외의 날에는 절대돈을 안 쓰는 거죠. 예를 들어서 토요일, 일요일은 놀고 데이트도 해야 되니까 지출 데이로 잡아 놓고요. 주중에는 수요일 하루만 지출 데이로 잡아놓고 그런 거죠. 만약에 월요일에 제가 너무 갖고 싶은 물건이 생겼어요. 그러면 지출 데이가 아니니까 수요일까지 참아보는 거죠. 사람이 신기한 게 진짜 수요일이 되면 '굳이 살 필요 없겠는데?' 그런 마음이 든다니까요."

그는 무지출, 지출 데이를 굉장히 흔한 절약법이라고 설명했다. 필자는 태어나 처음 들어보는 이야기였다. 사실 딱히 절약을 해본 적이 별로 없는 것 같다는 생각이 들었다. 반성을 많이 했다. 필자는 어디 갈 일이 있으면 무조건 택시부터 잡고 보는 성격이다. 그래서 이런 질문을 던졌다. 길을 걷다가 너무 더워서 뭔가 마시고 싶은데 무지출 데이면 어떡해야 하냐고, 그렇게까지 참으면서 살아야 되냐고. 그랬더니 다음 노하우를 소개했다.

두 번째는 앱테크(휴대폰 앱과 재테크의 합성어)이다.

"그럴 때 앱테크를 활용하면 돼요. 시중에 나와 있는 앱테크가 200개가 넘거든요. 잘 찾아보면 커피 4잔 마시면 한 잔 무료로 주고 이런 혜택들이 정말 많아요. 제가 입고 있는 옷도 앱테크로 공짜로 구매한 거라니까요. 앱테크에 조금만 관심을 가지면 절약에 진짜 많은 도움이 될 거예요. 제 주변에는 앱테크로 한 달에 월 100만 원 이상 벌고 절약하는 분들이 많아요."

앱테크라는 말을 그때 처음 들었다. 궁금증이 생겨 포털 사이트에 앱테크를 검색해보니 어마어마하게 다양한 정보들이 쏟아졌다. 조금만 관심을 가지면 돈을 절약할 방법이 이렇게 많다는 것을 미처 알지 못했던 내 자신이 부끄러워졌다.

그를 통해 새삼 깨달은 점이 몇 가지 있다. 부자라는 타이틀을 얻기 위해서는 먼저 부자가 되기 위한 방법을 치열하게 고민해야 한다는 것과 불편함을 꽤 오랜 기간 버텨낼 수 있는 굳은 의지력이 필요하다는 것이다.

차근차근 올라가는 법을 배워라

절약의 중요성을 다시 한 번 강조하기 위해 배우 전원주 씨와 만났던 일화를 소개한다. 필자는 그가 주식 투자 고수로 유명세를 타며 각종 방송 프로그램에 활발히 출연하기 전인 2021년 1월에 그를 만났다. 당시 각종 온라인 커뮤니티에 그가 연예계의 숨은 주식 투자 고수라는 소문이 조금씩 날 때였다. 어렵게 수소문을 해서 그의 전화번호를 알아낼 수 있었고 직접 전화를 걸었다.

"코로나19 사태 이후로 주식 투자하는 분들이 많아졌잖아요. 젊은이들 사이에서 선생님이 숨은 투자 고수라는 소문이 많이 났어요. 수십억 원대 자산가시라고. 혹시 어떻게 투자를 잘하게 되신 건지 노하우를 공유해주실 수 있을까요?"

"제가 투자 잘한다고 해요? 신기하네요. 맞아, 내가 예전에 주식 투자 책도 내고 했었어요. 한 번 만납시다."

인터뷰는 이렇게 생각보다 쉽게 성사됐다. 직접 만난 그는 80대라는 나이가 무색하게 건강하고 쾌활한 모습이었다. 평소 TV에서 보던 이미지 그대로. 그리고 진지한 이야기를 할 때는 영락없이 우리네 할머니와 같았다. 절약하는 자세부터 투자 노하우까지. 말 한 마디 한 마디 사이에 깊은 내공이 느껴졌다. 축적의 자세에 대한 내용을 쓰는 것이니, 젊은 주식 부자라고 보기는 어려운 그의 이야기도 간단히 이 책에 담는다.

"내가 1·4 후퇴 때 이북에서 피난을 왔어요. 고향이 개성이야. 여러분들이 알지 모르겠지만 독종 중에 독종이 개성상인이거든. 돈을 긁어모을 줄만 알고 쓸 줄은 모르는 사람들이랄까. 내가 어머니한테 그런 교육을 받은 거지."

그는 초등학교 5학년 나이에 남쪽으로 피난을 왔다고 한다. 넉넉지 않은 형편 탓에 그 나이에도 노점에서 장사를 해야 했다. 어머니가 밀가루를 반죽해 만든 빵과 도넛을 짊어지고 나가 팔았다. 좁은 단칸방에 온 식구가 옹기종기 모여 살았다.

어머니는 틈이 날 때마다 돈의 중요성을 가르쳤다. 어머니는 장사를 마치고 돌아오면 화롯불에 달군 인두로 지폐를 빳빳하게 다렸다. 그는 "돈 귀한 줄 알아야 한다는 것을 그때 배웠다"고 말했다. 그의 어머니는 그렇게 다린 돈을 이불 속에 넣어뒀다가 10장이 되고 100장이 되면 은행으로 가져갔다고 한다.

이렇게 어렸을 때 배운 절약 정신은 평생 그를 따라다녔다. 여태까지 물 한 방울, 휴지 한 장도 허투루 쓴 적이 없다. 마음 편히 택시 한 번 타본 일도 없다.

"나는 지금도 남이 주는 것 받아서 쓰고 나머지 필요한 물건은 남대문시장, 동대문시장, 노점에서 다 사요. 노점에서 사는 것이 제일 싸니까. 지금도 1만 원 넘어가는 것은 안 사 먹어. 머리를 할 때도 파마는 얼만지, 염색은 얼만지 물어보고 깎고 또 깎아요. 돈을 아끼는 것은 부끄러운 게 없는 거야."

그는 1987년 교사로, 성우로, 배우로 일하면서 아끼고 아껴 모은 돈을 처음으로 주식에 투자하기 시작했다. 당시 투자금액은 500만 원 남짓이었다. 투자도 절약하는 자세로 접근했다고 한다. 주로 안정적인 주식 위주로 투자했다. 이익이 나면 또 안정적인 주식을 찾아서 매입했다.

"욕심내면 안 돼요. 차근차근 올라가는 법을 알아야 해요. 한번에 수지맞으려고 하는 사람들은 다 잃어버리기 마련이거든. 나는 이윤이 싼 것부터 시작했지. 그런 것은 실수가 없어."

평생을 아끼고 살아온 그는 최근에서야 베푸는 즐거움을 조금 알게 됐다고 말했다. 가장 인상 깊었던 말은 "이제는 돈을 써도 (돈 나간) 자리가 잘 안 난다"는 말이었다. 물론 흥청망청 써도 자산에 큰 변동이 없다는 뜻은 아닐 것이다.

"돈 쓸 때 표시가 나면 쓰면 안 되는 거야. 이제는 돈을 조금 써도 아무것도 아니다 싶을 때가 됐으니 베풀기 시작했죠. 지금은 어려운 사람 보면 그냥 안 지나가요. 하늘에서 나를 이렇게 부자를 만들어줬으니 나도 부자값을 해야 되겠다 싶어.

너무 짠순이 같은 얘기만 한 것 같아 미안한데 부자가 되는 방법은 다른 게 없어요. 멋있게 인생을 마무리하려면 돈이 있어야 되고 그렇게 되려면 돈 귀한 줄을 알아야 해요. 쓰는 재미보다 모으는 재미를 가지라는 말을 꼭 해주고 싶어요."

절약은 습관이다. 우리 모두가 안다. 평소 불편하게 생각했던 일, 익숙하지 않았던 일을 습관으로 만드는 게 얼마나 힘든지. 필자가 만난 대부분의 부자들은 꾸준한 노력으로 절약을 습관으로 만든 경험이 있었다. 그러고 보니 사치스러운 차림새를 한 사람은 단 한 명도 없었던 것 같다. 부자 되기에 절약은 필수적인 조건이 아닌가 싶다.

절약을 위해 했던 노력들을 적어보자. 앞으로의 다짐도 함께 적어보자.

no.	절약을 위해 하고 있는 노력
1	
2	
3	
4	
5	

no.	절약하기 위해 앞으로 지키기로 한 규칙
1	
2	
3	
4	
5	

잘 아끼는 사람이
투자도 잘한다

'잘 아끼는 사람들이 주식 투자도 잘한다'는 말을 많이 들었다. 처음에는 쉽게 와닿지가 않았다. 앞서 언급했던 절약 전문 강사에게 그게 대체 무슨 말이냐 물으니 투자도 절약하는 자세로 신중히 하면 성과가 좋다는 뜻이라는 답이 돌아왔다. "어렵게 모은 돈, 쉽게 날릴 수는 없잖아요"라는 말과 함께.

필자가 만나 본 부자들 중에서 아주 짧은 기간에 벼락같이 큰 돈을 번 사람들은 그리 많지 않았다. 어림잡아 70% 이상은 1년에 10% 정도의 수익률을 꾸준히 기록한 사람들이었다. 때로는 채 10%가 되지 않는 수익을 내는 경우도 있었다. 그러나 그들은 절대 장기간 연속해서 손해를 보지는 않았다. 그 구체적인 방법에 대해서는 차차 설명하기로 하고 이번에는 그들의 마음가짐과 태도에 대해 설명을 해보고자 한다.

배우 전원주 씨 이야기를 다시 꺼내보려 한다. 그의 투자 방식이 '절약하는 투자'에 딱 들어맞아서다. 그는 한때 여의도 증권가의 유명 인사였다고 한다. 방송 일을 하면서도 틈만 나면 증권사 객장에 앉아 있었다. 특별한 일이 없을 때는 하루 종일 객장에 앉아 신문도 보고, 책도 봤다.

"매일같이 그러고 앉아 있으니까 나중에는 증권사 대표도 나오고, 회장도 나오고 그러더라고. 투자금도 점차 불어나다 보니 내가 아주 큰 고객이 된 거지. 나는 그때도 그랬어. 욕심내지 않는다고. 하루아침에 일확천금되는 투자 필요 없다고. 차근차근 쌓을 수 있는 것, 손해 안 보는 것으로 추천해 달라고 그랬지."

그는 의심이 많았다. 추천받은 종목도 반드시 본인이 검증을 해 보고 투자했다.

"나보다 더 능력 있고 잘 아는 사람 이야기는 귀담아들어야 하지만 그것을 곧이곧대로 받아들여서는 안 돼."

필요하다고 생각하면 직접 투자할 회사를 찾아가기도 했는데 SK하이닉스를 그렇게 투자하기 시작했다.

직원들 태도를 보면 회사의 흥망을 어느 정도 점쳐볼 수 있다는 것이 그의 지론이다. 겸손하고 소박한 직원들이 많은 회사는 앞으로 더 잘 될 것이라는 믿음이 있다. 그런 직원들 몇 명을 친하게 만들어 두고, 회사 내부 사정을 두루 파악한 다음 투자를 결정한다. 그가 SK하이닉스에 투자한 기간은 10년이 훨씬 넘는다. SK텔레콤이 하이닉스 반도체를 인수하기도 전에 이미 투자를 결정했다고 한다.

그가 또 강조한 것은 분산 투자의 중요성이다.

"실패를 해도 돈을 잃지 않는 유일한 방법은 욕심을 내지 않고 다양한 곳에 분산투자를 하는 것뿐이야. 무슨 일이 생겨도 한쪽만 무너져야지 다 무너지면 안 돼."

이 같은 투자 방식은 절약하는 투자의 표본이라고 할 수 있다. 아직까지는 주변에서 이 정도까지 신중하게 투자를 하는 사람을 보지 못했다. 필자만 해도 그렇다. '뭐 이 정도는 없어도 되는 돈이니까 한 번 사 볼까?', '남들이 다 괜찮다는데 사 두면 오르겠지?', '요새 업황이 좋다는데 실적이 더 좋아지지 않겠어?' 정도의 생각만 가지고 투자 결정을 내리고는 했다. 그리고서는 남들보다 더 날카롭게, 많은 생각을 하고 샀는데 왜 이렇게 떨어지기만 하는지 분루를 삼키는 일이 일상다반사였다.

초보일수록 안전한 투자에 집중하라

그러나 젊은 주식 부자들은 다르다. 종목 하나를 골라 살 때, 투자금이 얼마든 절대 손해를 보지 않겠다는 의지로 종목을 해부하고 의심하고 또 고민하는 경우가 많았다. 심지어 평생 먹고 살 돈을 벌었다는 한 30대 전문직 투자자는 한 종목에 관심을 갖고 투자를 결정하기까지 3년이 넘게 걸린 경험이 있었다고 말하기도 했다. 필자는 속으로 '3년이라니, 저 사람 거짓말을 하고 있는 것은 아닐까?' 하고 의심을 했었다.

투자금을 절대로 잃을 수 없다는 생각이 강해 개별 종목 투자는 거의 하지 않는 사람도 있다. 그러면서도 안정적으로 1년에 수천만 원대 수익을 내는 사례를 소개해보고자 한다. 1장 04 '당신의 삶을 움직이는 원동력은 무엇인가'에서 언급한 S씨의 이야기다. 그는 안정적인 재테크만으로 연 10% 안팎의 수익률을 내고 있다.

자산의 절반 가까이는 고금리 적금에 묶여 있다. 조금만 관심을 가지고 살펴보면 4%대 이상의 금리를 주는 적금도 있다는 것이 그의 설명이다.

"제가 갖고 있는 적금 중에 4.5% 미만의 적금은 하나도 없어요. 무조건 고금리 적금을 찾아야 해요. 5년, 10년짜리도 많아요.

기간이 길면 이자가 꽤 되거든요. 그렇게 수익을 내는 거죠. 적금은 원금이 보장되는 재테크이기 때문에 저는 적금 자산은 절반 이상은 늘 가지고 갑니다. 그런 고금리 적금이 어디 있냐고요? 주로 제2금융권에서 찾아볼 수 있어요. 그런 상품들은 인기가 많으니까 빠르게 움직이셔야 해요."

그는 또 달러에도 투자를 하고 있다. 환율 흐름은 어지간하면 개별 종목의 주가 변동보다 안정적이다. 또 달러 투자로 얻은 수익은 비과세라는 장점이 있다. 나름의 기준이 오면 달러를 사들이고, 떨어지면 추가도 더 매수를 하는 식으로 투자를 하는 사람들이 많다. 환율이 조금씩 오를 때 분할해서 매도를 하면 수익을 극대화할 수 있다.

공모주 투자에도 집중한다. 공모주는 일반 종목 투자에 비해 안정적이라는 평가를 받는다. 최소한 공모가 밑으로는 떨어지지 않을 것이라는 기대감이 크기 때문이다. 특히 투자설명서와 증권발행실적보고서를 잘 살펴보면 꽤 많은 정보를 얻을 수 있다.

"기관들이 관심을 많이 가지는 종목인지, 최근 시장의 주도 업종에 속해 있는지 등도 꼼꼼히 따져봐야 해요. 또 당장 팔고 말 것이 아니라 장기로 보유를 해도 수익이 날 것 같은 공모주에 투자를 하는 것이 손해를 보지 않는 법이죠. 적금을 담보로 대출을 받아서 공모주 투자에 요긴하게 활용할 수도 있습니다."

그는 투자 초보일수록 자신처럼 안전한 투자에 집중해야 한다고 조언했다. 군이 주식 시장에 뛰어들고 싶다면 ETF(상장지수펀드)나 펀드 상품 등으로 시작을 하는 게 좋다고 했다. 그는 이렇게 조급하게 수익을 내려고 전전긍긍할 필요가 없다고 주장하는 이유에 대해 "재미있게 잘 살아보려고 투자를 했다가 자기도 모르게 자신뿐 아니라 가족들에게도 나쁜 영향을 줄 수 있기 때문"이라고 설명했다.

필자 역시 이런 이야기들을 들은 뒤 투자를 대하는 자세를 바꿔보려고 노력 중이다. 종목을 선택할 때 평소보다 2배 이상의 시간을 투자한다. 증권사 연구원들이 쓴 보고서들을 찾아보고 해당 종목이 속한 업종과 관련한 뉴스를 꼼꼼히 검색해본다. 그 종목의 최근 수급과 흐름도 참고한다. 특히 사업보고서와 재무제표까지 찾아보면서 최대한 많은 정보를 수집하려고 노력한다.

이렇게 절약하는 자세의 투자를 시작하면서 성과가 더 좋아졌는지는 아직 섣불리 판단하기 어렵다. 언제나 그렇듯 오르는 종목도 있고 내리는 종목도 있다. 그래도 한 가지 확실한 점은 예전에는 막연한 기대감만 컸었는데 이제는 확신이 생겼다는 것이다. 잠깐 흐름이 좋지 않더라도 크게 흔들리지 않고 버틸 수 있게 됐다. 믿음이 커지면서 투자의 길이 더 평탄해진 기분을 느끼고 있다.

2장
실전 전략

다시 오를 종목은 정해져 있다

뉴스를 돈으로 바꾸는 3단계

증권부 기자가 되고 가장 많이 받은 질문 2가지가 있다. 가족, 친한 친구, 일로 알고 지내던 어른, 처음 만난 사람 가리지 않고 공통적으로 들은 말이다.

"뭐 좋은 것 있으면 알려줘."

"투자 좀 해보려고 하는데 무슨 공부부터 하면 될까?"

첫 번째 질문에 대한 이야기부터 해보자. 솔직히 필자에게는 좋은 종목이 뭔지 가려낼 만한 능력이 없다. 그런 능력이 있었다면 이런 책을 쓰고 있지도 않을 것이다. 남들에게 알리지 않고 혼자 큰 부자가 돼 있었을 가능성이 높다. 아니면 좋은 종목 찾아내는 방법에 대한 책을 쓰고 있었을 지도 모를 일이다.

기자라고 해서 남들보다 훨씬 더 대단한 고급 정보를 얻을 수 있다고 생각한다면 오산이다. 다 똑같다. 그저 기사화를 할 만한 특별한 정보를 조금 더 일찍 알 수 있는 정도다. 증권사, 자산운용사 등에서 일하는 분들이나 각종 업종 전문가를 만나도 특정 종목의 향방에 대한 정보를 얻기는 쉽지 않다. 서로 그런 대화를 하기가 조심스럽다. 그저 "요새 어떤 업종에 돈이 몰리는 것 같더라", "앞으로 전망이 밝을 것 같다"는 수준의 정보나 주고받는다.

그런데 두 번째 질문에는 명쾌한 답을 줄 수 있다. 무엇부터 해야 할지 모르겠다면 뉴스를 보는 것부터 시작하면 된다. 물론 경제, 산업, 증권 분야의 기사가 처음부터 쉽게 눈에 들어올 리 없다. 그래도 그냥 읽으면 된다. 높은 산을 오르는 등반가의 마음으로 꾸준히 읽다보면 대충은 이해가 되기 시작한다.

필자 역시 마찬가지였다. 필자는 정치부, 사회부, 국제부에서만 6년 가까이 일한 뒤 처음으로 증권부에 발령을 받았다. 기본용어도 모르는 주식 문외한이었지만 차차 적응이 됐다. 대략 3~4주쯤을 매일같이 억지로 기사들을 읽고 나니 대충은 어떤 내용인지 파악이 됐다. 꾸준히 읽다 보면 된다. 필자가 그 본보기다. 아무것도 모르던 사람이 지금은 기사도 쓰고 인터뷰도 한다.

젊은 투자 고수들 중 아침저녁으로 짬을 내 뉴스를 보지 않는 사람은 단 한 명도 없다고 감히 단언할 수 있다. 가끔 무슨 책부터 봐야 하는지 묻는 사람들도 있다. 그럴 때마다 필자는 좋은 책 몇 권을 소개해 주고 신문도 꼭 보라고 조언한다. 신문 기사만 꾸준히 읽어도 생각보다 꽤 많은 투자 정보를 접할 수 있기 때문이다.

이번 장에서는 기사 읽기의 중요성을 강조하기 위해 다양한 투자 고수들의 이야기를 최대한 많이 담으려 한다. 다음은 국내 최대 규모의 주식 커뮤니티인 〈거북이 투자법〉에서 활발히 활동하고 있는 20대 투자 고수의 말이다.

"제 개인적인 노하우이기도 하고 시장에서 가장 널리 알려진 노하우이기도 한데요, 저는 투자를 잘하기 위해서는 기본적으로 뉴스를 많이 봐야 한다고 생각합니다. 뉴스를 통해 파악할 수 있는 정보들이 생각보다 훨씬 더 많거든요.

예를 들어서 우리나라 증시는 외국인이나 기관 자본이 많은 영향을 주잖아요. 그래서 그들이 국내 증시에 대해 어떤 관점을 갖고 있는지가 중요해요. 그런데 그냥 개인 투자자인 저로서는 그런 것들을 알 수 있는 방법이 없거든요. 열심히 일을 하고 있는 국내외 기자들이 쓰는 기사가 아니면 그런 정보를 제가 어디서 얻을 수 있겠어요."

다음은 앞서 언급했던 한 30대 전문직 투자자에게 "투자를 잘하기 위해서 어떤 공부를 해야 하느냐"고 묻자 돌아온 답이다.

"제가 제일 추천 드리는 방법은 뉴스를 매일 30분씩 보는 것이에요. 신문이나 방송 뉴스를 30분씩 보다 보면 분명히 모르는 단어들이 막 튀어나오잖아요. 처음에는 아마 다 모를 겁니다. 그래도 그걸 계속 보면 이해가 되기 시작해요. 그러다가 어느 순간 뭐 키워드들이 툭툭 튀어나오는 게 보일 거예요. 몇 년 전으로 예를 들면 AR(증강현실), 전기차 그런 거겠죠. 그럼 이제 그런 키워드들을 검색해보고, 관련된 기업이 뭐가 있는지 찾아보고 그런 거죠."

그는 뉴스를 꾸준히 보는 것이 투자를 잘할 수 있는 가장 기초적인 단계라고 강조했다. 이렇게 기초 공사를 잘 해놔야 다른 다양한 공부법들이 결합돼 빛을 발할 수 있다는 설명이다. 그는 자신이 큰 수익을 낸 방법에 대해 이렇게 말했다.

"세상이 어떻게 돌아가는지 파악을 했으면 그 다음에는 주목을 받을 만한 기업들을 살펴보는 단계로 넘어가면 돼요. 아까 기사에 자주 등장하는 키워드에 대한 공부를 하면 좋다고 했잖아요.

이제 그 키워드와 관련된 기업들을 찾아봐요. 그리고 각 기업들의 사업보고서를 꼼꼼히 살펴보는 거죠. 그 보고서를 보면 사업의 내용, 회사의 개요 이런 것들이 자세히 기재돼 있거든요. 사업 모델이 어떤지 이런 것들도요. 이 일을 취미 생활처럼 꾸준히 하다 보면, 배경 지식도 많이 쌓이고 투자 아이디어도 불현듯 떠오르게 됩니다."

가설을 세우고, 파급력에 주목하고, 검증하라

2년간 매일같이 기사를 열심히 찾아봤더니 어느새 수십 억 원대 부자가 되어 있었다는 30대 김성효 씨(필명 효라클, 이하 K씨라고 칭함)를 만난 적이 있다. 그는 뉴스레터로 자신의 종목 고르는 노하우를 많은 사람들에게 전하고 있다.

"투자를 잘하려면 세상 돌아가는 것을 잘 알아야 한다고 생각해요. 일반적으로 세상 사람들이 관심 많은 분야는 주식 시장에서도 인기가 많기 마련이거든요. 요새 뭐가 인기다, 하면 그 인기 있는 것과 관련성이 높은 기업들이 뜨는 식이죠. 제가 처음에는 매일같이 뉴스와 관련된 여러 가지 종목들을 다 매매를 해봤어요. 그런데 시간이 지나면서 그날그날 이슈가 될 만한 것은 한두 개에 지나지 않는다는 것을 깨달았죠. 그래서 여러 가지 뉴스들 중 특별히 시장에서 반응을 하는 것들의 공통점이 무엇인지 공부하기 시작했어요."

그렇게 공부를 하다 보니 어느 순간 패턴이 보이게 됐다고 한다. 2년간 꾸준히 뉴스들을 찾아보고 시장에 미칠 영향력을 예측하다보니 터득한 성과다. 그는 현재까지 6년 넘게 매일매일 뉴스를 보고 투자를 하는 루틴을 유지해 오고 있다.

"어떤 신문사의 어떤 기자가 쓴 기사가 유독 시장에서 반응이 있는 건지, 아니면 기사가 나오는 시간이 시장에 영향이 있는지, 기사 제목에 무슨 키워드가 영향을 주는지 등 처음에는 말 그대로 맨땅에 헤딩이었어요. 별의별 가설을 세우고 검증을 해 보니까 딱 한 가지더라고요. 그게 '파급력'이에요. 기사가 담고 있는 정보에 뭐 '세계 최초'라든가, '미국 시장 진출'이라든가 이런 내용이 있으면 무조건 시장에서 반응이 있더라고요.

주식 시장에서 긍정적인 반응이 나오려면 상식적으로 엄청 많은 사람들에게 큰 파급력이 있어야 해요. 그런데 이런 점을 생각해보세요. 예전에 방탄소년단이 세계적으로 인기를 얻기 전에요. 가수들이 국내외 음원차트에서 어떤 성적을 거뒀는지, 아니면 동남아 해외 공연을 가기로 했다든지 이런 소식만으로 엔터테인먼트 기업들의 주가가 많이 오르락내리락 했었어요. 그때는 그게 세상의 전부였으니까. 그런데 방탄소년단이 빌보드에 오르는 순간 이제는 그런 소식들이 의미가 없어졌어요. 시장에서 반응을 하지 않는 거죠.

그런 식으로 점점 더 무뎌지는 거예요. 더 큰 것, 더 자극적이고 더 중요한 것으로 계속 관심이 이동하는 겁니다. 그러니까 꾸준히 세상 돌아가는 것에 관심을 갖고 계속 읽고 생각하고 공부를 해야 합니다. 그러다 보면 어떤 소식이 전해졌을 때 어떤 분야나 기업이 오를 것인지 어느 정도 예측이 되기 시작해요."

왜 주식 부자들은 사회면 기사에 주목하는가

한 가지 특이한 점은 젊은 주식 부자들이 꼭 경제 관련 뉴스만 찾아보는 것이 아니라는 것이다. 의외로 사회면 기사나 사람들의 삶과 관련된 기사들을 꼭 챙겨봤다. 외신으로 치면 LIFE면에 해당하는 기사들이다. 한 미국 주식 전문가에게 그 이유를 물었더니 이런 답이 돌아왔다.

"결국은 사람들이 요새 어떤 걸 좋아하고 어디에 관심이 있는지에 대한 일종의 거대한 흐름이 기사로 나오니까요. 그런 움직임이 시차를 두고 주식 시장에도 반영이 되거든요. 제가 얼마 전에 이런 외신 기사를 봤어요.

(이 전문가를 만났을 때는 코로나19 사태가 한창이던 2021년 초반이다.) 코로나19 사태로 삶의 방식이 많이 바뀌었는데 가장 하고 싶은 것이 무엇이냐는 설문조사 결과에 기반한 기사였는데 그 조사에서 1위로 꼽힌 게 '스킨십'이었어요. 사랑하는 사람을 만나 포옹하고 입도 맞추고 싶은데 그러기 어려운 상황이니까요. 그러면 이렇게 추론을 해볼 수 있는 거죠. 시장에서 언택트 관련 기업들이 계속 주목을 받고 미래 성장성이 있다고 평가를 받지만 여전히 사람들은 직접적인 만남과 소통을 중요하게 생각하는구나. 이런 팩트를 투자할 때 활용하는 거죠. 간단하게 코로나19 사태가 잦아들면 언택트 관련 기업들에 분명히 타격이 있겠구나 하는 식으로요.

또 한 가지 상위권에 꼽힌 게 바닷가나 수영장 이런 데 가서 시원하게 놀고 싶어 하는 사람들이 꽤 많더라고요. 여기서도 투자 아이디어를 또 얻을 수 있죠. 수영복 관련 사업을 하는 스포츠의류 기업들을 저가에 매수해두면 언젠가 한 번 주목받을 때가 오겠구나 하는 식으로요. 그러니까 주식 한다고 경제 관련 기사만 보면 안 된다고 생각하고요, 많은 사람들이 어떤 생각을 하는지, 요새 뭘 좋아하는지 알 수 있는 사회나 생활 관련 기사들도 많이 봐야 합니다."

휴대폰만 열어보면 언제든 쉽게 접할 수 있는 뉴스 기사들이 사실은 부자라는 집을 짓는 벽돌이 될 수 있다는 사실을 잊지 않았으면 좋겠다. 이해가 잘 안 되더라도 다양하게 꾸준히 읽어야 한다. 모르는 용어가 나오면 검색을 해보면 된다. 정말 너무 바빠 시간이 없다면 출퇴근 시간에, 잠들기 전에 10~20분이라도 짬을 내면 어떨까. 수십 억 원대 부자도 몇 년째 매일 2~3시간씩 기사만 읽는다는데 우리는 노력도 별로 안 하면서 너무 쉽게 부자 되기를 바라고만 있는 것은 아닐까.

경제 관련 기사를 보고 키워드, 관련 종목을 찾는 연습을 해보자.

no.	기사에서 발견한 키워드	키워드와 관련된 종목
1		
2		
3		
4		
5		
6		
7		

증권부 기자가 알려주는
종목 기사 읽는 법

증권부 기자로 일하면서 다양한 종류의 기사들을 써 오고 있다. 그중에서도 가장 비중이 높은 것 중 하나가 바로 종목이나 업종을 다룬 기사다. 주로 '요새 이런 종목과 업종이 주목을 받고 있어요. 잘 지켜보면 좋을 것 같아요'라는 희망적인 기사다. 그런데 이런 기사를 쓰면 90% 이상의 확률로 꼭 달리는 댓글들이 있다.

"기자야, 그렇게 좋으면 너나 사지. 왜 기사를 쓰고 난리냐. 말도 안 되는 소리 하고 있어."

"자 여러분, 기사 나왔습니다. 이제 팔 때라는 거 다 아시죠?"

언젠가 꼭 해명하고 싶었는데 이 기회에 해명을 해볼까 싶다.

먼저 첫 번째 질문에 대한 답이다. 기자들은 사규상 자신이 기사로 다룬 종목을 매수하기 어렵다. 대부분의 언론사들은 주식 투자를 할 때 회사에 신고하도록 정하고 있다. 지키지 않을 경우 징계를 받게 된다. 물론 법적으로도 문제가 된다. 기자가 의도적으로 시장에 영향을 주기 위해 기사를 쓰면 시세 조종 행위에 해당될 여지가 있다.

이런 이유들을 제쳐 두고라도 직업윤리상 자신이 기사로 다룬 종목을 사는 기자들은 많지 않을 것이라고 생각된다. 최근에는 기사가 시장에 큰 영향을 미치는 경우가 많지는 않지만 불과 10여 년 전만 해도 기사 하나에 상한가를 기록하는 종목들도 많았다고 한다. 그럼에도 주식 투자를 해서 돈을 많이 번 기자가 있다는 이야기는 한 번도 들어본 적이 없다. 기자가 '기레기' 소리를 듣는 요즘이지만 아직은 정직하게 직업윤리를 지키면서 일을 하는 기자들이 훨씬 더 많다고 믿는다.

이번에는 두 번째 질문에 대한 답이다. 사실 처음에는 저런 류의 댓글들이 왜 달리는지 선뜻 이해하지 못했다. 나중에 선배 기자들에게 물어보고 속뜻을 이해하게 됐다. 요약하자면 기사로까지 나오는 정보는 이미 알 만한 사람들은 다 아는 정보이니 시장에서 큰 가치를 지니지 못한다는 뜻이다. 그러나 이는 반은 맞고 반은 틀린 얘기다.

물론 모호한 형태의 정보가 검증을 거쳐 기사라는 형태로 만들어지기까지 시간이 며칠 걸리는 것은 맞는다. 당연히 정보를 미리 접한 사람 입장에서는 기사가 늦었다고 느껴질 수 있을 것이다. 그러나 기사에 담겨 있는 정보는 꽤 정확한 경우가 많다. 쉽게 접하기 어려운, 다양한 전문가들의 목소리가 담겨 있다. 실제로 기사에 담겨 있던 정보가 얼마나 좋은 성과로 이어졌는지 보여주는 사례를 소개해보려 한다.

사례 1

헬스케어펀드, 바이오 덜어내고 건기식 담는 이유

최근 몇 년 사이 큰 인기를 끈 헬스케어펀드들이 제약·바이오주 보유 비율을 낮추고 있다. 바이오 산업 악재가 겹치면서 수익률을 보전하기 어렵게 된 탓이다. 이에 건강기능식품 시장이 반사이익을 누리고 있다는 분석이 나온다.

1일 금융정보분석업체 에프엔가이드에 따르면 헬스케어펀드 연간 설정액은 2014년 879억 원 규모에서 올해 7185억 원 규모로 8배 넘게 성장했다. 그러나 수익률은 널뛰기를 했다. 국내주식형 헬스케어펀드들은 3년 전까지만 해도 꾸준히 수익을 냈지만, 최근 2년 사이 수익률이 급감했다. 올해 들어서는 평균 -1.75%의 손실을 기록해 그나마 선방하고 있다.

이정기 하나금융투자 코스닥벤처 팀장은 "코오롱티슈진 인보사 사태와 삼성바이오로직스에 대한 검찰 수사 등 악재가 겹쳐 헬스케어펀드 수익률이 좋지 못했다"며 "그래서 최근 들어 헬스케어펀드 내의 포트폴리오 조정이 활발히 이뤄지고 있다"고 말했다.

제약·바이오주 비중을 낮추는 대신 성장세가 유망한 의료기기, 피부미용, 건강기능식품 등의 분야로 헬스케어펀드 자금이 몰리고 있다는 설명이다. 올해 들어 헬스케어펀드 수익률이 호전된 것도 이 포트폴리오 조정 덕분인 것으로 풀이된다.

이 중에서도 특히 건강기능식품 분야가 주목을 받고 있다. 평균 소득 증가와 함께 건강에 대한 관심이 지속적으로 높아지고 있어서다. KB증권은 국내 건강기능식품 시장이 연 평균 8.5% 성장하고 있고 현재 2조 원대 이상의 시장이 형성돼 있다고 분석했다. 글로벌 건강기능식품 시장도 2009년 803억 달러(약 95조 원)에서 2015년 1179억 달러(약 140조 원)로 확대되는 등 성장세가 가파르다.

(중략)

헬스케어펀드에 편입된 것으로 알려진 종목 중 하나가 뉴트리다. 피부미용에 도움을 주는 건강기능식품 '에버콜라겐'으로 유명한 뉴트리의 올해 매출액과 영업이익 전망치는 1305억 원과 127억 원이다. 이는 지난해 대비 각각 49.6%, 28% 증가한 수치다. 홈쇼핑 등으로 판매 채널이 확대돼 왔고 올해 하반기 중국 수출도 예정돼 있다.

(중략)

국내 건강기능식품 ODM(제조자개발생산)·OEM(주문자상표부착생산) 1위 기업 노바렉스도 헬스케어펀드 포트폴리오에 포함된 것으로 전해진다. 올해 매출액과 영업이익은 1426억 원과 163억 원으로 예상되는데 이는 지난해 대비 각각 32.8%, 44.2% 늘어난 것이다.

위는 필자가 2019년 8월 1일 작성한 기사의 일부다. 당시 바이오 업종이 부진한 흐름을 보이자 헬스케어펀드 안에서 포트폴리오 조정이 이뤄지고 있다는 이야기를 듣고 추가 취재를 거쳐 작성했다.

기사의 첫 네 문단을 살펴보자. 헬스케어펀드에 얼마나 많은 돈이 몰려 있는지, 최근 수익률이 어땠는지에 대한 객관정인 정보가 담겨 있다. 또 당시 각종 악재들로 인해 제약 및 바이오 종목들이 좋지 못한 수익률을 보이자 헬스케어펀드 안에서 건강기능식품, 의료기기 쪽으로 자금이 쏠리는 현상이 있다는 정보를 제공하고 있다.

그 뒤에는 당시 여의도에서 주목하고 있는 건강기능식품 종목을 몇 가지 소개했다. 필자는 당시 건강기능식품 시장이 이미 빠른 속도로 성장하고 있는 데다 헬스케어펀드 내 포트폴리오 조정으로 자금까지 몰리면서 큰 상승률을 보일 수 있다고 판단했다. 이에 각종 애널리스트들이 주목하고 있던 '노바렉스'와 '뉴트리'라는 기업을 추천 종목으로 제시했다.

이처럼 업종이나 종목 기사에는 객관적인 정보와 기자의 시각이 함께 담겨 있다. 물론 기자의 시각이 틀리는 경우도 많이 있을 것이다. 기사를 보고 실제 투자를 할 것인지는 독자들의 몫이다. 어쨌든 이 같은 기사를 볼 때 염두에 둬야 할 점은 명확하다. 기자가 그 종목이나 업종을 추천하고 있는 이유가 타당한지 따져보면 된다.

앞 기사에서 건강기능식품 종목 2가지를 추천한 이유는 ① 수천억 원대 헬스케어펀드들이 건강기능식품 종목 보유 비율을 높이고 있고 ② 건강기능식품 시장이 세계적으로도 큰 성장세를 보이고 있기 때문이다. 많은 종목들 중 추천된 두 종목은 국내 증권사 애널리스트들이 주목하고 있는 기업들이었다. 매출액과 영업이익이 얼마나 커지고 있는지, 주가 흐름은 어떤지도 기사에 포함되어 있다.

만약 이 정보들을 보고 꽤 그럴듯하다고 느꼈다면 관심을 갖고 지켜보다가 실제 투자를 하면 된다. 필자는 당시 건강기능식품 종목들을 사지는 않았지만 주변에 적극 추천했었다. 결과는?

물론 좋았다. 뉴트리는 2019년 초 1만 2000원(종가)에서 2021년 6월 4만 원대까지 상승했다. 노바렉스는 2019년 초 1만 5300원(종가)에서 2021년 9월 4만 원대 후반까지 올랐다.

비슷한 유형의 기사를 하나 더 소개한다. 아마 독자들이 접하게 되는 대부분의 업종, 종목 관련 기사가 이런 유형일 것이다. 객관적인 정보와 기자의 주관적인 시각을 잘 가려내 투자 아이디어를 얻는 데 도움을 받았으면 좋겠다. 기자들은 원래 그런 일을 하는 사람들이다. 개인 투자자들을 위해 대신 정보를 수집하고 공유해주고 있으니, 자신과 잘 맞는 기자들 이름을 몇 명 외워뒀다가 1주일에 한 번씩 그 기자가 쓴 기사를 찾아봐도 좋을 것 같다.

사례 2

쓰레기와 코로나19 상관관계는…폐기물 처리업체 사도 될까

코로나19(COVID-19) 확산으로 경기 불황이 이어지고 있는 가운데 경기 변동과 관계없이 일정한 가격 수준을 유지하는 경기방어주에 대한 관심이 높아지고 있다. 증권업계 전문가들은 최근 수년간 실적 성장을 거듭하고 있는 폐기물 처리업체들이 새로운 경기방어주

역할을 할 수 있다고 전망했다.

30일 증권업계에 따르면 인선이엔티의 매출액은 2018년 1760억 원에서 지난해 1839억 원, 올해 2062억 원까지 늘어날 것으로 예측된다. 와이엔텍 역시 같은 기간 761억 원, 986억 원, 1104억 원으로 매출액이 증가할 전망이다. 두 업체의 영업이익 역시 매년 두 자릿수 성장률을 기록할 것이 확실시된다.

(중략)

폐기물 처리업체들의 실적이 계속해서 개선되는 이유는 관련 산업의 높은 진입장벽 때문이다. 폐기물 배출량이 꾸준히 늘고 있는데 폐기물 처리 시설은 제한적이다 보니 처리 단가가 오를 수밖에 없다. 업계 관계자들은 현재 건설 현장 등에서 배출되는 폐기물의 절반 정도밖에 처리하지 못하고 있다고 설명한다.

현재로서는 누가 섣불리 폐기물 처리 사업에 뛰어들기 어려운 구조라는 점도 문제다. 폐기물 처리업을 하기 위해서는 정부의 엄격한 허가 절차를 통과해야 한다. 가장 어려운 단계는 환경영향평가에서 주민 동의를 획득하는 부분이다. 이에 신규 진입자들에 비해 기존 사업자들이 유리하다는 평가가 나온다. 기존 사업자들은 이미 과거부터 지역 관계자들과 네트워크를 형성하고 있다는 점에서다.

증권업계 전문가들은 향후 폐기물 처리산업의 업황이 나쁘지 않다고 강조했다. 오는 5월부터 시행되는 폐기물 관리법 개정안 덕에 기존 폐기물 처리업체들이 반사이익을 누릴 수 있다는 것이다. 개정안은 폐기물 배출자의 책임을 강화하는 내용을 담고 있다. 안정적으로 폐기물을 배출하기 위해 이미 검증이 끝난 업체들을 찾을 가능성이 높아진 것이다.

서혜원 키움증권 연구원은 "관련 법 개정으로 배출자 입장에서는 위탁하는 폐기물을 빠르고 안정적으로, 사고위험 없이 처리해 줄 신뢰도 높은 업체 위주로 선정할 것으로 판단된다"며 "이를 통해 상위 폐기물 처리업체들 중심으로 시장이 재편될 가능성이 높다"고 강조했다.

(하략)

이 기사는 2020년 3월 30일자 기사다. 당시 폐기물 관련 기업들이 제대로 된 평가를 받지 못하고 있다는 정보를 접하고 기사를 작성했다. 이 기사에는 기자의 시각이나 예측은 그리 많이 포함돼 있지 않다. 객관적인 수치들과 전문가의 의견들이 주를 이룬다.

인선이엔티와 와이엔텍은 대표적인 폐기물 처리 업체다. 지난 수 년간 한 해도 거르지 않고 매출액과 영업이익이 꾸준히 늘어왔다. 당시 증시 전반이 침체하면서 주가가 떨어지고 있었지만 기관 투자자들이 어마어마한 양을 매수하고 있는 모습이 보였다. 언젠가는 반드시 상승세를 탈 것 같다는 생각이 들었다.

이후 증권사 연구원들이 쓴 보고서들을 꼼꼼히 찾아봤다. 어렵게 폐기물 처리 업계 관계자를 소개받아 이야기를 들어보기도 했다. 장기적으로 관련 산업과 그 산업에 속해 있는 기업들이 성장을 거듭할 수밖에 없다는 확신이 생기기 시작했다. 그러나 기사와 기자의 확신이 다 맞는 것은 아니다.

인선이엔티는 2020년 초 8000원 대에서 2021년 4월 1만 4000원대까지 올랐다가 2021년 말 다시 1만 1000원대까지 내렸다. 와이엔텍 역시 같은 기간 1만 원대에서 1만 7000원대까지 상승했다가 1만 원대까지 하락했다.

꽤나 큰 폭으로 상승한 것 같지만 저 당시에는 모든 종목들이 대체로 유사한 흐름을 보였다. 코로나19 사태로 인해 시장에 위기감이 불어닥치면서 크게 하락했다가 회복하는 모습을 보였다. 이런 관점에서 보자면 폐기물 처리 업체들이 상승세를 탈 수 있다는 희망을 준 앞 기사는 절반만 맞았다는 비판을 피하기 어려울 것 같다.

기사를 꾸준히 챙겨 보면 생각보다 많은 투자 기회를 얻을 수 있다. 다시 한 번 강조하지만 기사에는 기자의 시각과 함께 꽤 많은 양질의 정보가 포함돼 있다. 먼저 정보는 정보대로 시각은 시각대로 잘 가려내는 일이 필수적이다. 이후에는 객관적 정보들을 활용해 투자 아이디어를 떠올려봐야 한다. 기자의 시각을 있는 그대로 따를 것인지는 독자의 몫이다.

외신을 읽어야 하는 이유

코스피와 코스닥의 차이도 제대로 모르는 채 증권부로 발령을 받았다. 발령 첫날 선배들을 따라 모 증권사 직원들과 점심을 먹게 됐다. 식사 자리에서 오가는 대화를 하나도 알아들을 수가 없었다. 주로 요새 어떤 상품이 인기고, 종목은 뭐가 괜찮은 것 같다는 얘기가 오갔다. 열심히 들어보려 애썼는데 이해가 되지 않았다.

1시간 내내 입을 닫고 있자니 조금 겸연쩍은 마음이 들었다. 나름 경제지 6년차 기자인데 무슨 말이라도 해야 할 것 같았다. 오랜 고민 끝에 입을 열었다. 오전 중에 코스피가 상승세였다는 생각이 떠올랐다. "오늘은 시장이 좋네요." 그러자 증권사 직원이 웃으면서 "어제 미국 장이 많이 올랐잖아요"라고 답했다.

전혀 예상하지 못한 답변이었다. "그러네요" 따위의 답변이 돌아올 줄 알았는데 말이다. 뭔가 그럴듯한 말로 받아치고 싶었지만 그럴 수 없었다. 미국장이 오르면 왜 우리나라도 같이 오르는지 알지 못해서였다. 그 정도로 자본시장에 대해 무지했었다. 결국 필자는 "아, 어제 그랬나요?" 하고 넘어갈 수밖에 없었다.

점심시간이 끝나고 기자실로 돌아오는 길, 동행했던 선배의 간단한 설명을 듣고서야 전 세계 자본시장이 긴밀하게 연결돼 있다는 사실을 이해할 수 있었다. 돈의 흐름은 국경을 가볍게 넘어선다는 점, 특히 국내 증시는 외국인 자금의 영향을 많이 받는다는 점도 배웠다. 투자 좀 한다는 사람들이 외신을 열심히 읽는 이유도 조금은 알 것 같았다.

국제적인 흐름을 잘 알면 분명히 투자하는 데 도움이 된다. 다음은 한 30대 전업 투자자의 말이다. 온라인에서 자신의 투자 노하우를 활발히 소개하고 있는 그는 주식 관련 서적을 출간한 이력이 있다.

"저는 기사를 볼 때 국제 정세나 트렌드를 읽어보려고 노력하는데요. 사실 우리나라 증시는 외국인 자본이 워낙 큰 영향을 주잖아요. 그런 자본이 국내 주식을 살 것인지, 팔 것인지 미리 예측할 수 있으면 투자하기가 쉽겠죠. 종목이나 업종을 고를 때도 마찬가지예요. 기사를 보고 공부를 하다 보면 세계적인 트렌드 같은 걸 알아챌 수 있거든요. 그런 트렌드를 잘 탈 수 있는 국내 기업들이 있다면 과감하게 투자해볼 만한 거죠."

실제 만나본 초보 투자자들 중에는 해외 시장은 겁이 나서 손을 대기 어렵다고 말하는 사람들이 많았다. 국내 시장에만 열심히 투자를 하는 것이다. 아무래도 해외 정보는 접근하기가 어렵다는 생각이 큰 것 같다. 그런데 최근에는 조금만 노력을 하면 해외 주식 관련 정보도 쉽게 접할 수 있다. 특히 해외 주식에 투자를 하지 않더라도 해외 정보는 알아두면 좋다. 알아둬야만 한다는 표현이 더 적절할 것 같다.

뉴스레터 서비스를 이용하라

〈월스트리트〉 저널 같은 경제 관련 외신을 직접 찾아서 읽으면 좋겠지만 영어를 잘 하지 못하거나 시간을 내기 어려운 경우가 있다. 이럴 때는 뉴스레터 서비스를 이용하면 큰 도움을 얻을 수 있다. 양질의 외신을 큐레이션해주는 뉴스레터들이 많다. 주로 각 증권사나 언론사 기자 등이 이런 서비스를 제공한다. 필자도 외신 관련 뉴스레터를 2개 구독 중이다.

그중에서도 한 대형 투자은행 출신 금융인이 발행하는 뉴스레터를 즐겨 본다. 매일매일 발행되는데 그날의 환율과 채권 관련 정보를 비롯해 아주 다양한 데이터들을 보여준다. 거기에 더해 투자 아이디어를 얻는 데 도움이 될 만한 해외 트렌드도 수록돼 있다. 2022년 4월 필자가 관심 있게 본 내용을 잠시 소개한다.

'이젠 식당도, 공항도 구독모델?'이라는 제목의 글이었다. 넷플릭스 등의 OTT(온라인동영상서비스) 외에도 패스트푸드, 항공사 등이 구독 모델을 도입하고 있다는 내용이었다. 타코벨, 테슬라 등 다양한 기업들이 제공하고 있는 구독 서비스를 사례로 들었다. 특히 구독 서비스 시장이 10년간 연 평균 17.5% 성장했다는 통계도 제시됐다. 반면 인플레이션이 심화하면서 구독 서비스를 하나둘씩 해지하는 움직임이 생겨나고 있다는 정보도 담겼다.

물론 판단과 결정은 독자의 몫이다. 이런 글을 읽고 누군가는 구독 서비스 시장이 앞으로 더 성장할 것이라고 판단하고 관련 기업들에 대한 투자를 늘릴 수 있다. 한 발 더 나아가 구독 서비스에 필수적인 자동 결제 관리 서비스를 제공하는 기업들에 투자를 할 수도 있다. 반면 인플레이션 심화로 구독 서비스를 꺼리고 취소하는 사람들이 많아질 것이라고 판단하고 이미 투자하고 있는 관련 기업들의 비중을 낮출 수도 있다.

어쨌거나 중요한 점은 외신을 직접 찾아보지 않더라도 최신 세계 트렌드를 볼 수 있는 방법이 많다는 것이다. 세계 시장, 특히 미국 시장의 흐름을 잘 읽으면 수익을 낼 수 있는 기회가 생긴다. 대표적인 사례가 바로 메타버스 테마 열풍이다.

2021년 해외와 국내를 막론하고 주식 시장을 관통한 키워드가 바로 메타버스다. 2021년 3월 세계 최대 메타버스 플랫폼인 로블록스가 미국 뉴욕증시에 상장한 뒤로 말 그대로 메타버스 열풍이 불었다. 코로나19 사태로 인해 집에 머무는 시간이 늘어나고 비대면 트렌드가 각광을 받으면서 관련 종목들이 몇 배씩 뛰어올랐다.

국내 시장에서 메타버스 테마가 주목을 받은 건 로블록스가 상장한 뒤 2~3개월이 지나서였다. 다시 말하지만 미리 세계적인 흐름을 파악하고 국내 관련 종목들을 잘 가려내 투자했다면 큰 수익률을 기록했을 가능성이 높다.

예를 들어 위지윅스튜디오는 2021년 한 해에만 500%가 넘게 상승했다. 위지윅스튜디오는 컴퓨터그래픽(CG)과 시각특수효과(VFX)를 바탕으로 한 콘텐츠 기획 및 제작 전문 기업이다. CG와 VFX 기술은 메타버스 세계를 구현하는 데 필수적인 것으로 평가받는다. 이에 2021년 한 해 동안 꾸준히 주가가 올랐고 특히 10월 이후 급상승을 거듭했다.

이 밖에도 같은 기간 엔피는 400% 넘게 상승했다. 엔피는 확장현실(XR) 콘텐츠 사업을 하는 기업이다. 또 메타버스 관련 사업에 진출하겠다고 공언한 게임 관련 종목들이 큰 폭으로 뛰어오르기도 했다.

탄소중립 역시 시장에서 가장 많이 언급된 테마 중 하나다. 기후 변화에 대한 세계적 위기감이 확대되면서 탄소 배출을 줄이는 기술을 가진 기업들과 재생에너지 관련 기업들이 상승한 것이다. 특히 우리나라가 영국, 프랑스, 일본 등 세계 13개 선진국에 이어 세계 14번째로 탄소중립 비전과 이행체계를 법제화한 2021년 8월 이후로 탄소중립 테마가 큰 주목을 받았다.

이처럼 세상, 특히 해외 돌아가는 이야기에 안테나를 세워두면 돈을 벌 기회를 잡을 수 있다. 해외 시장에서 인기를 끈 테마는 국내 시장에서도 인기를 끌 가능성이 매우 높다는 점을 알아야 한다. 젊은 주식 부자들이 열심히 외신을 뒤적거리고 투자 아이디어를 얻는다는 사실을 기억하자. 필자도 뉴스레터를 받아보는 데서 그치지 않고 1주일에 두 번은 시간을 내 꼭 외신을 찾아보려고 노력하고 있다.

가장 기본적인
기업 공부법 2가지

초보 투자자들이 주식 좀 한다는 사람을 만나면 항상 요청하는 것이 있다. 좋은 종목을 추천해 달라는 것이다. 주식 투자는 결국 앞으로 오를 종목을 잘 고르는 사람이 돈을 번다. 투자를 제대로 해 보기로 마음먹었다면 종목 고르는 법 공부하는 데에 많은 시간을 들여야 한다.

그런데 앞으로 오를 종목을 선별하는 것은 생각만큼 쉬운 일이 아니다. 어떤 종목의 주가가 오를지, 내릴지는 그 누구도 완벽하게 예측할 수 없다. 그렇다고 아무 종목이나 사 두고 오르기만 바랄 수는 없는 법. 최소한 오를 가능성이 있는 종목, 더 이상 떨어지지는 않을 종목을 고르는 몇 가지 팁 정도는 알아둬야 한다.

젊은 주식 부자들은 '투자를 잘하기 위해서는 기업을 많이 봐야 한다'고 공통적으로 강조한다. 기업을 많이 봐야 한다는 것이 무슨 말인지 선뜻 이해되지 않을 수 있다. 이렇게 예를 들어보자. 세상에 정말 많고 많은 아이돌 그룹 중에 앞으로 인기가 많아질 가능성이 높은 그룹을 골라야 하는 상황이다. 먼저 무엇을 해야 할까?

지금 인기가 많은 아이돌 그룹들이 왜 인기인지, 어떤 포인트에서 사람들이 끌리는지 등을 분석해 보는 게 먼저 아닐까. 그리고 나서 아직 유명하지 않은 아이돌 그룹들을 살펴보고 이미 인기가 많은 그룹들과 비슷한 길을 가고 있는 그룹을 선택하면 될 것이다. 그러기 위해서는 아이돌 그룹들을 많이 봐야 한다. 어느 그룹에 누가 뭘 잘해서 인기가 많고, 어느 그룹은 무슨 강점이 있고 등등을 꿰고 있으려면 꾸준히 관심 있게 그 업계를 지켜봐야 하지 않을까.

기업을 많이 봐야 한다는 말이 바로 이 뜻이다. 아이돌 그룹 살펴보듯 기업도 꾸준히 관심을 가지고 공부해야 한다. 다음은 빈손으로 시작해 주식 투자로만 수십 억 원대 자산가가 된 한 40대 투자자의 말이다.

"무조건 기업을 많이 봐야 해요. 그 후에 어떤 회사에 투자를 하고 싶은 마음이 들었으면 그 회사가 무슨 사업을 어떻게 하고 있는지, 그 업종이 장기적으로 잘 풀릴 것 같은지, 그 기업이 앞으로 돈은 더 벌 것 같은지, 국내나 해외 유사한 사업을 하는 기업들에 비해 거래되는 가격이 싼 지 비싼 지 등 찾아보고 공부할 것이 어마어마하게 많아요. 이런 데이터들을 꼼꼼히 찾아본 뒤에 판단을 하는 겁니다.

아, 투자해도 되겠구나 하는 마음이 들었다면 믿고 가는 거예요. 그래도 걱정이 된다고요? 크게 걱정할 건 없어요. 기업이 버는 돈이 우상향하고 있다면 주가는 오르게 돼 있어요. 뭐 단기간 주가가 떨어질 수는 있어요. 그런데 기업이 버는 돈은 꾸준히 늘어나는데 주가가 5년, 10년간 떨어진다? 이런 케이스는 제가 본 적이 없어요."

이 40대 투자자가 추천해 준 가장 기본적인 기업 공부법을 소개한다. 그는 이 정도도 하기 귀찮다면 주식 투자할 생각을 해서는 안 된다고 강조했다. 이것만 따라 하더라도 쓸데없는 시행착오를 줄일 수 있을 것이라는 말과 함께.

먼저, 사업보고서를 살펴봐야 한다.

포털 사이트에서 '금융감독원 전자공시시스템'을 검색해 들어간다. 공시통합검색에서 찾아보고 싶은 기업의 이름을 적고 검색한다. 공시유형에서 '정기공시'를 체크하고 가장 최근의 '분기보고서'를 클릭해 들어간다.

처음 보면 꽤 방대한 양에 정신이 없을 것이다. 가장 먼저 주의 깊게 살펴야 할 것은 '사업의 내용'이다. 그중에서도 '사업의 개요'와 '주요 제품 및 서비스'를 잘 살펴보면 된다. 이 기업이 어떤 사업을 어떻게 하고 있는지 자세하게 기술돼 있다. 앞으로의 사업 흥망을 판단해 볼 수 있는 귀중한 자료이다.

'재무에 관한 사항'도 반드시 살펴봐야 할 항목이다. 기업의 성과와 관련된 각종 수치들을 살펴볼 수 있다. 연결재무제표에서 매출액과 영업이익, 당기순이익을 위주로 살펴보면 된다. 기업이 돈을 잘 벌고 있는지 판단해 볼 수 있는 자료가 된다.

이 밖에 '영업활동현금흐름'을 중요하게 살펴봐야 한다고 말하는 전문가들도 많다. 영업활동현금흐름이란 제품의 제조, 판매 등 기업의 주요 활동으로 인해 발생하는 현금의 유입과 유출을 뜻한다. 외부 차입이나 미수금 등을 제외한 실제 벌어들인 현금이다. 쉽게 말해 영업활동현금흐름이 지속적으로 상승하면 기업이 장사를 잘하고 있다고 판단하면 된다. 주가가 오를 가능성도 높아진다.

- 사업의 내용

- 재무에 관한 사항
- 영업활동현금흐름

다음으로, 확인해봐야 할 것은 각종 지표들이다.

가장 흔하게 사용되는 지표가 PER(주가수익비율)이다. PER은 현재 시장에서 매매되는 특정 기업의 주식 가격을 주당순이익으로 나눈 값이다. PER이 낮으면 이익에 비해 주가가 낮은 것으로 이해하면 된다. PER이 높으면 그 반대다.

PER은 포털 사이트나 HTS(홈트레이딩 시스템), MTS(모바일트레이딩 시스템)에서 검색을 통해 쉽게 찾아볼 수 있다. 특히 동일 업종 평균치와 비교해 보거나 경쟁 기업의 수치와 비교해 보면 현재 해당 기업이 저평가 상태인지, 고평가 상태인지 판단해 볼 수 있다.

이 밖에 EPS(주당순이익), PBR(주가순자산비율), ROE(자기자본이익률) 등도 기업을 평가할 때 흔히 사용되는 지표다.

- EPS: 한 해 1주의 주식으로 벌어들인 이익을 나타내는 지표다. 통상 EPS가 높으면 투자 가치가 있다고 본다.
- PBR: 현재 주가를 주당순자산가치로 나눈 값이다. 주식 가격이 기업의 순자산에 비해 몇 배로 거래되는지 알 수 있다. 통상 1 미

만일 경우 저평가 구간으로 간주된다.

- ROE: 당기순이익을 순자산으로 나눈 값으로 ROE가 높으면 높을수록 기업이 돈을 잘 벌고 있다고 판단하면 된다. 가치투자의 대가 워런 버핏이 이 ROE를 가장 중시한다는 말이 있다.

특정 종목을 매수하기 전에 최소한 이 정도는 파악을 해야 한다. 그래야 장기적으로 해당 주식이 오를 수 있다는 확신이 생긴다. 단기간의 등락에 흔들리지 않는 안정감도 함께 말이다. 이 정도도 공부하지 않고 남의 말만 듣고 종목을 매수한 다음 마음 졸이는 사람들을 너무나도 많이 봤다. 필자 역시 마찬가지였다. 좋다고 하는 말만 듣고 덜컥 투자했다가 손해를 보고 판 다음 긴 시간이 지난 뒤에 그 주식이 많이 올라 마음 아팠던 경험이 셀 수 없이 많다.

전설적인 펀드매니저 피터 린치는 이렇게 말했다.

"기업에 대한 공부를 하지 않고 투자를 하는 것은 포커를 칠 때 카드 패를 보지도 않고 베팅하는 것과 같다."

젊은 주식 부자들 중에서는 공격적인 투자를 하는 사람들보다 보수적으로 접근하는 사람들이 더 많았다. 신중하게 고민하고, 절대 떨어지지 않을 것 같은 주식을 골라 장기적으로 수익을 내는 사람들이 상대적으로 더 많았다는 말이다. 다음은 안정적으로 매년 10% 정도의 수익률을 기록하고 있는 한 30대 직장인 투자자의 말이다. 대체로 비슷하다. 그 기업이 어떤 기업인지 살핀 뒤 경쟁 기업들과 비교해본다는 것이다.

"투자할 개별 기업을 고를 때 저는 기본적으로 기업의 서비스나 제품이 잘 팔리고 있는지를 우선 살피고요. 그 다음에는 재무제표를 살펴요. 매출, 영업이익, 당기순이익이 늘고 있는지 공부하고요.

그 다음에는 투자 지표들을 다양하게 살펴보죠. 경쟁 기업들에 비해 상대적으로 저평가 상태인지 여부도 당연히 확인하고요. 경험적으로 이런 모든 조건들이 만족했을 때 매수를 하면 진짜 손해는 안 보더라고요. 그게 제가 매년 높은 수익률을 기록하는 비결입니다."

높은 수익률을 기록하는 투자자들은 저마다의 특별한 노하우가 있을 것이다. 하지만 '사업보고서와 재무제표'를 보고 각종 '투자 지표'들을 살피는 것은 기본 중의 기본이다. 이런 기초적인 작업을 하지 않고 마음 가는 대로 기업을 선정해 매수하는 것은 아주 어리석은 일이다. 주식 투자로 수익을 내고 싶다면 반드시 기업을 공부해야 한다는 점을 명심해야 한다.

마지막으로 한 증권사 임원의 말을 소개한다. 20년 넘게 주식시장을 지켜봐 오면서 다양한 투자자들을 만나본 분이다.

"오랜 기간 꾸준히 주식 투자로 수익을 내시는 분들이 비법이나 노하우라고 말씀하시는 부분은 사실 어느 정도 겹쳐요. 결국 실제로 부를 얻기 위해서 가장 중요한 건 기업을 보는 눈이라는 점이죠. 그리고 그건 단기간에 길러지는 능력은 아닌 것 같아요. 부단히 노력할 수밖에 없는 것이죠."

기업 공부를 간단히 해보자. 관심 있는 기업의 사업보고서상 영업이익을 찾아서 적어보고, PER과 PBR, ROE도 찾아서 적어보자.

no.	관심 기업	직전연도 영업이익	PER, PBR, ROE
1			
2			
3			
4			
5			
6			
7			

05

삶을 근본적으로 변화시키는 기업에 주목하라

미국의 전기차 기업 테슬라 이야기를 해볼까 한다. 2021년 국내 개인 투자자들이 가장 많이 매입한 해외 종목으로 코로나19 사태 이후 투자자들을 가장 많이 웃고 울게 했다. 2010년 상장한 이래 이렇다 할 위기 없이 사업을 지속해왔다. 특히 2020년 초부터 시장의 큰 주목을 받으면서 주가가 한때 1000달러까지 오르기도 했다.

흔히 세상을 바꾸는 기업에 투자하라는 말들을 한다. 사람들이 살아가는 방식에 큰 영향력을 미칠 수 있는 기업들이 오래도록 돈을 많이 번다는 점에서다. 실제로 국내 주식 시장의 역사를 잠시 돌이켜 보면 휴대폰이 처음 등장한 이후 SK 텔레콤 등 이동

통신사들이 큰돈을 벌었다. 네이버와 같은 플랫폼 기업들도 시장을 주도했었다. 전기차 산업을 선도하고 있는 테슬라도 이미 전 세계 시장을 주도하는 종목이 됐다.

이 같은 될성부른 떡잎을 미리 알아보려면 어떻게 해야 할까. 생각 자체를 투자 위주로 바꿔야 한다. 좋은 물건을 보면 '와!' 하고 넘길 것이 아니라, 그와 관련된 종목은 어떤 것들이 상장돼 있는지 살펴보고 투자할 생각부터 해야 한다는 것이다.

사람들이 전기차나 테슬라에 대해 별로 주목하지 않던 시절부터 테슬라에 투자해 큰 부를 얻은 분을 만날 기회가 있었다. 평범한 직장인이던 그는 미국 출장 당시 처음 테슬라를 접했다고 한다. 테슬라 차량을 타본 그는 큰 매력을 느꼈다. 2016년부터 조금씩 주식을 매입하다가 한국으로 돌아와 결단을 내렸다. 2018년 전세자금 대출을 갚을 돈으로 테슬라에 투자한 것이다.

그가 테슬라 주식을 매입할 당시의 시세는 50~60달러다. 테슬라 주가는 2022년 초 기준으로 900달러 안팎이다. 그는 또 코로나19 사태로 테슬라가 300달러 선까지 떨어졌을 때 이미 보유하고 있는 주식을 담보로 대출을 받아 테슬라 주식을 더 매입했다. 그는 현재 다니던 직장을 그만두고 새로운 사업을 하며 인생을 즐기는 중이다.

"결국 우량한 주식을 쌀 때 사서 비싸게 팔면 잘한 투자잖아요. 저는 그렇게 생각해요. 과거에 없던 기술이나 개념을 가지고 와서 '인간의 삶을 근본적으로 변화시키는 기업'이라면 장기 성장할 수 있고 기업의 가치가 무궁무진하게 커질 수 있다고요. 그런 걸 파괴적인 성장 산업이라고 부르는데요. 그렇게 정말 인간의 삶을 바꾸는 회사라면 내가 투자에 센스가 좀 부족하더라도, 혹은 내가 매일같이 투자에 신경 쓰지 않더라도 좋은 성과를 낼 수 있거든요.

제가 약간 얼리 어답터 성향이 있어요. 그래서 예전에 애플 아이폰이 나왔을 때 아이폰을 너무 좋아했어요. 그런데 아이폰만 열심히 계속 사고 투자는 안 했어요. 생각을 못했던 거죠. 나중에 지나고 나서 보니까 인터넷을 내 손 안으로 가져다 준 혁명을 아이폰이 이룬 거잖아요.

그 이후로 세상의 모든 삶의 모습이 너무 많이 바뀌었어요. 그걸 만들어 낸 회사가 애플이고요. 그래서 애플이 어마어마하게 성장한 거잖아요. 그러니까 앞으로 계속 이런 기업들은 등장할 거고 투자자들은 미리미리 준비를 하고 있다가 투자를 하면 되는 거라고 생각해요."

말은 쉽지만 어려운 일이다. 누가 그처럼 전세자금 갚을 돈으로 주식을 사는 통 큰 결정을 할 수 있을까. 무조건 오른다는 확신이 서서 투자를 한다고 하더라고 자주, 또 쉽게 흔들리는 게 사람 마음이다. 새롭게 떠오르는 기업은 필연적으로 각종 견제를 받기 때문이다.

테슬라도 마찬가지였다. 현재까지도 의구심을 갖는 사람들이 많다. 테슬라는 완성도가 떨어진다는 지적이 끊임없이 제기된다. 전기차 시장 내 경쟁이 더 치열해지면서 테슬라가 기존 완성차 업체들에 밀릴 것이라는 전망도 나온다. 그래도 믿음이 있다면 밀고 나가야 한다는 것이 그의 설명이다. 그 믿음은 경험과 공부에서 나온다.

"테슬라와 관련한 논쟁은 애플이 아이폰을 처음 출시했을 때 삼성, 노키아와 대립했던 상황을 떠오르게 합니다. 그때의 대립 구도, 언론의 프레임들이 너무 완벽하게 지금 반복되는 느낌이에요. 이건 사실 쉬운 문제인데요. 테슬라가 내놓고 있는 차량을 전통적인 차의 관점에서 볼 것이냐, 아니면 피처폰 시대에 등장한 스마트폰처럼 아예 새로운 모델로 볼 것이냐에 따라서 관점이 완전히 달라지거든요.

전통적인 차의 관점에서 보면 당연히 테슬라의 완성도가 떨어질 수밖에 없겠죠. 그런데 테슬라는 그런 단점들 외에 가지고 있는 장점이 너무나 많거든요. 전기차로 가지고 있는 하드웨어적인 장점도 있고, 컴퓨터 온 휠이라고 하는 플랫폼의 수단으로 구현할 수 있는 기능들이 너무 많아요. 자율주행도 앞서 나가고 있고요. 지금 운행되고 있는 테슬라 차량에서 수집되는 각종 정보들을 가지고 보험 사업도 하려고 하고 있고요. 그래서 전통적인 차의 관점에서 테슬라라는 기업을 평가하면 안 될 것 같아요.

시간이 지나면 해결할 수 있는 부분이 있고 그렇지 않은 부분이 있잖아요. 테슬라는 아무도 가보지 않은 길을 가고 있는 거고. 그래서 좋은 평가도 받고 있다고 생각하는 거고요. 다른 회사들이 쉽게 따라오기 어려운 영역이죠. 반면에 지금 지적받고 있는 완성도라든지 하는 부분은 시간이 해결해줄 수 있는 문제라고 생각을 합니다."

그는 처음 테슬라를 접한 이후 꾸준히 공부를 해오고 있다. 아직도 테슬라 주식을 많이 보유하고 있는 그는 여전히 관련 뉴스를 매일같이 챙겨 보고, 기업이 직접 발표하는 정보와 국내외 전문가들이 작성하는 자료를 탐독한다. 테슬라에 대해서는 웬만한 증권사 연구원들보다 더 높은 전문성을 자랑한다. 기업의 미래에 대한 확신은 이 같은 전문성에서 비롯됐다.

호기심을 갖고 경험하라

그간 만나 본 젊은 주식 부자들 중에는 그처럼 크게 성장할 만

한 기업을 이른 시기에 알아차리고 투자해 큰 수익을 거둔 사람들이 꽤 있었다. 체감상 20~30% 정도는 되는 듯하다. 그렇게 거둔 수익으로 또 제2의 테슬라가 될 만한 종목들을 찾아 나선다. 10년 이상의 먼 미래를 보고 투자하는 경우가 많다. 대체육 관련 기업이나 반려동물 관련 기업처럼 잠재력이 큰 시장에 속한 종목에 투자하는 식이다.

그러고 보니 이런 방식의 투자로 큰 수익을 거둔 사람들은 대체로 호기심이 많았다. 방금 언급한 테슬라 투자자는 스스로를 '얼리 어답터'라고 칭했다. 이미 애플과 비트코인 등으로 큰돈을 벌어 대체육과 반려동물 관련 기업 투자를 늘리고 있다는 한 30대는 시장의 반응이 있는 새로운 제품은 무조건 직접 구해서 경험을 해본다고 했다. 대체육 기업 비욘드 미트의 제품이 한국에 정식 수입되지 않을 때 직접 해외 직구를 해서 먹어보는가 하면, 메타버스가 처음 이슈가 됐을 때 로블록스에 들어가 몇 날 며칠을 구경만 했다고 한다. 이것저것 많이 경험해보려는 자세가 큰 수익을 가져다 줄 기회의 문을 넓혀주는 것 같다.

다시 언급하지만 성장 잠재력이 큰 종목을 찾아낼 수 있는 눈을 기르기 위해서는 세상 돌아가는 이야기에 관심을 가져야 한다. 신문도 보고 뉴스도 보면서 사람들이 어떤 것을 좋아하는지, 요새 젊은이들 삶의 방식은 어떤 것인지 공부하고 이해하려 노력해야 한다. 그리고 그렇게 얻은 정보들을 투자에 접목시킬 수 있도록 수시로 이미지 트레이닝을 해야 한다.

마지막으로 앞에 소개한 테슬라 투자자에게 직장인, 특히 초보자가 할 수 있는 가장 좋은 투자법이 무엇이라고 생각하느냐고 묻자 돌아온 답을 소개한다.

"세상을 크게 바꾸는 기업은 누구나 미리 캐치할 수 있어요. 전문적인 투자 기술이 없더라도 세상 돌아가는 것에 조금만 관심을 가지면 알아차릴 수 있다는 뜻이죠. 그런 회사에 투자를 하고 저는 직장에 다니면서 적립식으로 계속 그런 회사 주식을 모아가는 거죠. 그게 저의 생업과 가정생활을 양립할 수 있는 가장 좋은 투자법이라고 생각해요. 괜히 투자한다고 어쭙잖게 무슨 리포트 보고 연구원 흉내 내면서 수익도 못 내면 집에서 욕만 먹습니다. 그렇게 하지 마시고 큰 파도가 보이면 올라타서 그 파도가 끝날 때까지 여행을 즐기라고 말씀드리고 싶습니다."

세상을 바꾼, 그리고 세상을 바꿀 산업이나 기업에 대해 써보고 그 이유를 적어
보자.

no.	기업명	이유
1		
2		
3		
4		
5		
6		
7		

06

상상력 풍부한 사람들이
부자가 된다

기자가 된 뒤로 수없이 많은 사람을 만나고 수없이 많은 말들을 들었다. 그중 필자의 뇌리 속에 남아 있는 말 중 하나가 바로 이 챕터의 제목이다.

"상상력이 풍부한 사람들이 부자가 된다."

모 증권사 직원과 함께 저녁을 먹다가 들은 이야기다. 자신이 10년 넘게 주식 투자로 돈을 많이 번 사람들의 공통점을 살펴보고 내린 결론이라고 했다. 당시에는 흘려들었는데 필자가 직접 젊은 주식 부자들을 만나고 다니다 보니 정말 맞는 말이라는 생각이 들었다. 상상력이 어떻게 주식 투자에 도움을 주는지 몇 가지 사례를 들어 소개해보려 한다.

일을 하다가 우연한 기회에 알게 된 어른이 있다. 기자 출신으로 현재는 이름만 대면 누구나 알 만한 대기업에 재직 중이다. 주식 투자를 좋아한다며 몇 억 원 정도를 직접 운용 중이라는 말을 들었다. 그런데 가끔씩 뵐 때마다 생각하는 게 좀 남다르다는 느낌을 받았다. 통찰력이 있다고 해야 할까. 2020년 초 코로나19 사태가 막 심각해지기 시작할 때쯤 그분과 대화를 할 일이 있었다.

당시 그는 필자에게 이런 투자 아이디어를 설명했다. 코로나19 사태의 가장 큰 문제는 사람들이 모이지 못하는 것이다. 운동을 좋아하던 사람들이 예전처럼 체육관이나 헬스장 같은 곳을 가지 못하게 되는 상황이 발생할 수 있다. 그러면 혼자 할 수 있는 운동이 인기를 끌 것이다. 특히 감염 우려가 있는 실내가 아닌 실외에서 할 수 있는 운동의 수요가 늘어날 가능성이 높다.

그는 주식 시장에서 이 같은 상황의 수혜를 볼 만한 종목이 무엇이 있을지 찾아보고 있다고 말했다. 그리고 얼마 지나지 않아 필자에게 자전거 관련 종목들을 추천했다. 분명히 주목받을 때가 올 것이라는 말과 함께.

그는 2020년 5월에 삼천리자전거와 알톤스포츠를 매수했다. 솔직히 필자는 반신반의했다. 진짜 자전거 관련 종목들이 크게 오를 수 있을까 싶었다. 특히 당시에는 코로나19 사태로 주식 시장이 계속해서 떨어지고 있을 때라 주식을 사야겠다는 마음이 딱히 들지 않기도 했다.

결과는 어땠을까. 2020년 5월 초 6000원대 초반이던 삼천리자전거 주가는 1년여 만에 1만 6000원대까지 상승했다. 같은 기간 알톤스포츠는 2000원대 중반에서 6000원대 초반까지 올랐다. 1년 만에 2배가 넘는 수익률을 기록한 것이다. 나중에 알고 보니 두 회사는 코로나19로 인해 실적이 좋아진 데 더해 전기 자전거 사업에까지 진출하면서 시장에서 큰 주목을 받았다. 그가 전기 자전거 같은 호재까지 미리 예측했을 것이라고는 생각지 않는다. 다만 상상력을 발휘해 세운 가설이 실제로 수익까지 이어졌다는 점에서 높은 평가를 받을 수 있을 것 같다.

다음은 2장 01 '뉴스를 돈으로 바꾸는 3단계'에서 언급했던 K 씨의 이야기다. 명문대를 나와 대기업에 다니던 그는 회사에 다니면서도 주식 투자에 푹 빠져 살았다고 한다. 시간과 노동을 투입하고 받는 대가인 월급이 의미가 없어질 정도가 되자 퇴사를 결정했다. 그는 주식 투자로 부자가 되기 위해서는 특정 사건이나 상황이 발생했을 때 그와 관련된 주식 종목을 빠르게 생각해내는 사고의 과정이 가장 중요하다고 강조한다. 이 같은 사고의 과정이 익숙해질 때까지 훈련하다 보면 자연스럽게 부자가 될 수 있다는 것이다.

"클럽하우스라는 SNS가 반짝 인기를 얻었을 때가 있었어요. 막 며칠간 전 세계 언론에 나오고 우리나라에서도 가입자 수가 엄청 늘어나고 그랬잖아요. 클럽하우스는 아이폰에서만 되는 앱이죠. 그래서 아이폰 수요가 늘어났거든요? 그런데 안드로이드 휴대폰 쓰는 사람들이 클럽하우스를 하기 위해 새 아이폰 사기는 힘들잖아요. 그러다 보니까 중고 아이폰 시장이 커지지 않을까 이런 생각을 했어요.

실제로 기사도 찾아보고 하니까 그런 움직임이 있더라고요. 그래서 상장사 중에서 중고 아이폰 사업을 하고 있는 회사를 찾아봤었죠. 세종텔레콤이라는 기업이 중고 아이폰 사업을 하고 있더라고요. 그래서 실제 매출에 도움이 될 수 있을 것 같다고 주변에 알렸더니 그날 바로 당일에 세종텔레콤이 상한가를 갔어요.

한 가지 더 설명드리면 코로나19 사태 터진 이후에 투자하는 사람들이 다 이 코로나19 사태로 수혜를 볼 기업이 무엇인지 찾아다녔거든요. 그때 초기에 골판지 제조사에 투자한 분들이 돈을 많이 벌었어요. 코로나19 때문에 택배가 늘어나니까. 대림제지나 이런 종목들 사신 분들이 실제로 많이 올랐거든요. 이게 지나고 나서 생각해보면 쉬운데요, 딱 무슨 일이 벌어졌을 때 어떤 종목이 오르겠다 추측하고 실제 투자까지 하는 건 생각보다 쉽지가 않아요."

K씨는 수년간 이런 훈련을 했다고 한다. 그리고 누구나 노력을 통해 투자적 상상력을 발달시킬 수 있다고 주장한다. 그가 가장 추천하는 방법은 마음이 맞는 사람들과 주식 스터디를 만드는 것이다. 그리고 가벼운 마음으로 브레인스토밍을 하라고 추천한다. '오늘 이런 일이 있었는데 수혜를 볼 수 있는 종목이 무엇이 있을까?' 하고 토론을 하라는 것이다.

다양한 의견이 나오면 기록을 해 뒀다가 실제로 시장에서 반응을 하는 시나리오가 무엇인지 찾아보면 된다. 그는 이런 과정을 끊임없이 반복하다 보면 언젠가 투자 성과가 좋아질 수 있다고 강조한다.

깊이 생각하는 시간을 확보하라

마지막으로 필자와 가까운 한 자산운용사 직원의 말을 소개하려고 한다. 그는 일상 속에서도 충분히 투자 아이디어를 얻을 수 있다고 설명했다. 이어 그 아이디어나 가설을 검증해 보는 것이 아주 중요하다고 강조했다. 투자를 실행하기 전 아이디어를 검증하는 데 최대한 많은 시간을 들여야 한다는 것이다.

"어떤 투자 아이디어가 생각나서 그게 실제 성과로 이어질 수 있을지 궁금한 상황이라고 해 보죠. 그럼 미리 검증을 해 보기 위해서 어떻게 하시겠어요. 보통 사람들은 포털 사이트에 뉴스를 검색해보거나 하는 데서 그치겠죠. 그런데 사실 그 아이디어가 기업 실적으로 이어질지는 아무도 모르는 거잖아요. 그러니까 수단과 방법을 가리지 않고 확인을 해 봐야 합니다. 때로는 기업에 직접 전화를 해서 물어보기도 해야겠죠."

예를 들어 우연히 신제품 음료수를 마셔봤는데 굉장히 잘 팔릴 것 같다는 생각이 들었다고 해보자. 그렇다고 그 제조사에 바로 투자하면 안 된다. 실제 음료수가 많이 팔리는지 확인을 해봐야 한다. 구체적인 수치를 구할 수 있다면 좋다. 말로만 "잘 팔린다"고 했다가 실제 실적이 나오고 나서 보면 그렇지 못한 경우도 많다.

만약 판매량과 같은 구체적인 수치를 구하기 어렵다면 간접적인 수단을 통해 가늠해보는 것도 방법이다. 인터넷 블로그나 카페 검색량을 확인해보는 것이 흔한 방법이라고 한다. 사람들이 많이 언급하는 제품일수록 판매량이 늘어날 가능성이 높다. 과거의 제품 검색량과 판매량 데이터를 비교해 보고 유의미한 상관관계가 있다고 판단되면 향후 판매량도 점쳐 볼 수 있다는 뜻이다.

그는 특히 돈 버는 상상력은 책상머리에 앉아 있다고 길러지는 것은 아니라고 말했다. 오히려 깊이 생각하는 시간을 확보하는 것이 중요하다는 것이다.

"자산운용사에 다닌다고 하면 사람들이 오해를 많이 해요. 막 모니터 몇 개 갖다 두고 실시간으로 차트 같은 걸 분석하고 그런 이미지를 떠올리세요. 그런데 아마 직접 와서 제가 일하는 걸 보면 놀라실 것 같아요. 저는 출근해서 주로 자료 같은 걸 찾아보고 생각하는 시간이 많거든요. 사람들도 많이 만나고요.

결국은 주가가 오르려면 기업 가치가 올라가야 하고 기업 가치는 돈을 잘 벌어야 올라가잖아요. 그리고 기업이 돈을 잘 벌기 위해서는 소비자들이 상품을 많이 사줘야 하고요. 제가 하는 일은 어떤 기업과 어떤 상품이 소비자들의 선택을 받을지 남들보다 미리 캐치하는 거죠. 그런 건 차트를 본다고 알아낼 수 있는 것이 아니죠. 항상 예민하게 주변을 관찰해도 알아낼까 말까예요. 그러니까 초보 투자자분들도 먼저 충분히 고민하고 생각하는 시간을 확보해야 할 것 같아요."

투자자들을 부자로 만들어 줄 반짝반짝한 아이디어는 가만히 있다가 그냥 떠오르지 않는다. 필자가 만나 본 젊은 주식 부자들 중에는 망상가가 꽤 많았다. 쉴 땐 무엇을 하냐는 질문에 "그냥 누워서 이것저것 생각해요", "조용히 차 마시면서 생각 정리를 많이 하죠, 그날 접한 뉴스라든가 정보라든가 그런 것들을 어떻게 활용할지요"라는 식의 답변을 하는 사람들이 제법 있었다.

자기 전에 투자와 관련한 이런저런 아이디어를 짜내는 시간을 갖는 것을 루틴으로 삼는 투자자도 있었다. 상상력도 노력하면 길러진다. 필자도 매일 자기 전에 투자 아이디어를 떠올리려고 노력한다. 물론 입 밖에 꺼내기 부끄러운 수준의 아이디어들이다. 그래도 분명 1개월 전의 나와 지금의 내가 다르다는 것을 느끼고 있다.

상상력 기르는 훈련을 해보자. 일단 사회 현상을 적고 투자 아이디어로 연결시켜보자.

no.	사회 현상	투자 아이디어
ex)	클럽하우스 인기	중고 아이폰 판매 사업하는 기업의 실적 증대
1		
2		
3		
4		
5		

잘 아는 분야에서부터 시작하라

과거 필자가 썼던 기사에서 발췌한 내용을 먼저 소개해보려한다. 각각 2019년 8월 9일과 9월 9일에 공개된 기사의 일부다.

그간 상보는 디스플레이용 광학필름 사업에 주력해왔다. 지난해 기준 이 광학필름의 매출 비중이 70%에 달한다. 이 필름은 디스플레이를 보호하는 기본적 역할부터 빛을 더 밝게 해주거나 선명하게 보이게 하는 기능을 한다. TV를 만들 때 꼭 필요하다. 국내 일부 대기업에 납품을 하고 있다. 문제는 밀려드는 중국산 탓에 세계적으로 공급가격이 떨어지고 있다는 점이다.

그래서 상보는 휴대폰과 태블릿PC 같은 모바일 기기에 들어가는 광학필름 사업으로 눈을 돌렸다. 크기만 작게 만들면 될 것 같지만 개발하는 데 시간이 꽤 걸렸다. 모바일용은 TV용보다 더 얇고 선명해야 하기 때문이다. 이제 상용화 직전이다. 김상근 회장은 "신뢰성 검토까지 모두 마쳤고 이제 판매를 시작하는 단계"라며 "TV는 한 번 사면 10년 쓰지만 모바일 기기는 2~3년에 한 번씩 바꾸지 않나, 앞으로 모바일용 제품이 매출을 견인할 것"이라고 말했다.

상보는 차량 디스플레이용 광학필름 사업에도 기대를 걸고 있다. 자율주행차가 각광을 받으면서 차량용 디스플레이 시장이 커지고 있는 상황이다. 자율주행차가 양산되면 운전자가 차 안의 대시보드로 다양한 일을 볼 수 있다는 점에서다. 현재 상보의 필름은 BMW, 아우디, 포르쉐, 폭스바겐 등에서 신뢰성 검토를 받고 있다. 올해 하반기부터는 납품할 수 있을 것이라는 기대를 하고 있다.

― 〈"하반기 신제품 판매 시작" 빛 밝던 상보, 부활 '신호탄' 쏘나?〉 중에서

반도체를 만드는 공정은 크게 전공정과 후공정으로 나눈다. 전공정은 웨이퍼 위에 회로를 만들어 반도체로 제조하는 과정이다. 이 반도체 웨이퍼를 전자기기 등에 탑재하기 적합한 형태로 만드는 과정이 후공정이다. 전공정과 후공정은 시장도 다르고 고객사들도 다르다. 그간 피에스케이홀딩스는 전·후공정에 필요한 장비들을 모두

제조해왔다.

회사 규모가 점차 커지면서 연구개발과 영업, 제조능력 관련 시너지를 발휘하기 위해 인적분할과 합병을 추진하게 됐다. 피에스케이홀딩스는 지난 4월 전공정 장비 사업에 주력하는 신설법인 피에스케이와 후공정 장비 사업에 주력하는 존속법인 피에스케이홀딩스로 인적분할을 했다. 이후 지난 5일 이사회를 통해 지주사 피에스케이홀딩스와 존속법인 피에스케이홀딩스를 합병하기로 결정했다. 합병은 2020년 2월 완료될 전망이다.

박경수 대표는 "매출 기준으로 전공정 장비 사업에 주력하는 피에스케이의 비중이 70%, 후공정 사업 법인의 비중이 30% 정도"라며 "후공정 사업에 집중하는 두 회사의 합병을 통해 고객 확보 측면에서 시너지를 확보할 수 있을 것"이라고 말했다. 이어 "합병으로 경쟁력을 높여 매출 측면에서도 큰 성장을 이룰 수 있을 것으로 전망한다"고 강조했다.

– 〈반도체 장비업체 PSK홀딩스 "합병으로 매출 1조 원 회사 도약"〉 중에서

위 기사를 읽을 때 독자들이 어떤 느낌이 들었는지 잘 모르겠다. 배경지식이 별로 없는 독자들도 이해하기 쉽게 쓰려고 최대한 노력했다. 그런데 이렇게 다시 보니 필자가 봐도 조금 어려운

느낌이 있는 것 같다. 일단 디스플레이용 광학필름이 대체 어떻게 만들어지는 것인지, 구체적으로 무슨 역할을 한다는 것인지 모르겠다. 또 반도체 전공정과 후공정을 왜 갈라둔 것인지, 인적 분할과 합병을 하면 무슨 시너지가 난다는 것인지도 이해가 잘 안 된다.

관련 업계에 대한 배경지식이 없고 관심 자체가 없는 사람이 위 기사들을 봤다면 그냥 '그렇구나' 하고 넘어갔을 것이다. 하지만 디스플레이용 광학필름 업계를 좀 아는 사람이나 반도체에 대해 공부를 좀 해본 사람이라면 이야기가 달라진다. 앞 기사를 읽고 누군가는 투자와 관련한 좋은 정보나 아이디어를 얻을 수 있다. 배경지식과 관심이 있는지 여부에 따라 같은 기사를 읽고도 활용도가 달라질 수 있다는 뜻이다.

그래서 종목 발굴법에 대해 이야기할 때 많은 투자 고수들이 입버릇처럼 하는 말이 있다.

"잘 아는 데부터 찾아보세요."

지금 직장에 다니고 있다면 자신이 속한 업계에 대한 정보는 그 누구보다 잘 알고 잘 이해할 수 있지 않은가. 특정 움직임이 있을 때 어떤 결과를 불러올지 대략 예측도 가능할 것이다. 만약 직장에 다니지 않는다고 해도 상관없다. 평소 관심이 있는 분야에서부터 종목을 찾아보면 된다. 자신이 남들보다 조금이라도 더 잘 아는 분야, 아니면 흥미를 가지고 공부할 수 있는 분야에서부터 시작하면 된다.

트렌드를 보려면 분야를 특정하라

앞서 두 번이나 언급한 적이 있는 30대 전문직 투자자 이야기를 잠깐 해볼까 한다. 좋은 종목 발굴하는 노하우를 알려달라고 묻자 가장 먼저 잘 아는 분야부터 찾아보라고 조언한 사람이다. 그의 투자 역사를 들어보면 왜 그런 방법을 추천하는지 알 만했다.

그는 대학생 시절인 2007년 처음 주식 투자를 시작했다고 한다. 경영학과에 다니던 그는 어머니에게 500만 원이라는 거액을 받아 투자를 했다. 운 좋게 하루에 60만 원을 벌었다. 어머니가 누나에게 준 500만 원까지 빌려 투자를 시작했지만 정확히 6개월 만에 잔고가 0원이 됐다. ELW(주식워런트증권) 투자에까지 손을 댔다가 1000만 원을 홀딱 날렸다.

군대에 다녀오고 공부를 열심히 해 자격증을 따고 취직을 하면서도 주식 투자는 꾸준히 했다. 성공한 적은 거의 없었다. 정치 테마주도 사보고 차트를 보고도 투자해 봤는데 신통치 않았다. 그러다 '기업 가치'가 중요하다는 점을 깨달았다. 결국은 기업 가치가 올라갈 가능성이 높은 회사에 돈이 몰리고 주가가 상승하게 된다는 것을 깨달은 것이다.

이때부터 회사와 관련한 각종 정보들을 토대로 기업을 분석해 보면서 향후 이 기업의 가치가 높아질지 낮아질지를 어느 정도 가늠해 볼 수 있다는 자신감이 생기기 시작했다고 한다. 그 뒤로는 계속해서 수익을 올렸다.

"제가 10년 넘게 꾸준히 주식 투자를 해왔잖아요. 처음에 시작을 할 때 본업에 관련된 투자 아이디어를 찾아보는 게 제일 좋은 것 같아요. 예를 들어 패션 회사에 다니거나 마케팅 회사에 다니는 분들 있잖아요. 그러면 마케팅 회사만 해도 상장사가 한 10개 정도 있어요. 패션 회사는 더 많아요. 그런 기업들 한 번 찾아서 보시면 사업은 어떻게 하고 있는지 돈은 잘 벌고 있는지 쉽게 알 수 있잖아요.

이렇게 하면 종목 발굴할 때 사용하는 시간을 굉장히 줄일 수가 있어요. 회사 사람들과 대화할 때도 정보를 얻을 수 있겠죠. 어디 요새 물건 잘 나간대. 아니면 어디에 일 잘하는 무슨 임원이 새로 가셨는데 엄청 잘 된다며. 이런 얘기 흔히 많이 하잖아요. 그러면 그냥 넘기지 마시고 실제로 재무제표도 한번 보고 뉴스도 찾아보고 그러면 좋을 것 같아요."

그는 이렇게 고른 종목은 최소한 6개월 이상은 보유한다고 한다. 기업이 변화하는 데 시간이 걸리기 때문이다. 앞으로 좋아질 가능성이 높은 기업을 고른 만큼 충분한 시간을 두고 실제 긍정적인 방향으로 변하는지를 지켜본다는 설명이다. 그러는 중에도 다른 종목 발굴은 게을리하지 않는다. 그래야 목표로 한 수익이 났을 때 팔고 다른 종목을 살 수 있어서다.

그의 이야기를 들으면서 과거 심리학 박사 출신인 트렌드 전문가와 나눴던 대화가 떠올랐다. 트렌드는 결국 대중들의 경향성이나 흐름을 뜻하는 것이니 이 트렌드와 관련한 정보를 잘 파악하면 좋은 투자 아이디어를 얻을 수 있다는 이야기였다. 맞는 말이다. 세상의 유행을 잘 알면 누가 돈을 벌지 점쳐 볼 수 있으니까.

그래서 그에게 평소에 어떻게 공부를 하면 트렌드의 변화를 민감하게 잘 파악할 수 있겠느냐고 물었더니 이런 답이 돌아왔다.

"트렌드 전문가라고 소개를 하면 '요새 트렌드가 뭐냐'는 질문을 가장 많이 받아요. 그 질문이 가장 답하기 어려워요. 왜냐하면 말씀드릴 게 없어요. 그런데 분야를 특정해 주시면 말씀드릴 게 많아요. '요새 자동차 트렌드가 어떠냐'고 물어보시면 자동차와 관련된 각종 정보를 모아서 금방 트렌드를 찾아낼 수 있어요.

먼저 분야나 서비스를 특정하면 놀랍게도 그때부터 트렌드가 보여요. 그러니까 평소에 관심이 있었던 것, 일상생활에서 궁금했던 것을 하나씩 찾아서 공부해 보세요. 아마 한 달 안에 트렌드 전문가가 되실 겁니다."

주식 투자할 종목을 고를 때 '잘 아는 분야에서부터 시작하라'는 젊은 주식 부자들의 조언과 일맥상통하는 말이다. 투자는 하고 싶고, 무슨 종목을 사야 할지 모르겠다면 자신이 잘 아는 분야가 무엇인지, 자신이 재미있게 공부할 수 있는 분야가 무엇인지부터 떠올려 보면 좋겠다. 그러면 생각보다 어렵지 않게 좋은 종목을 발굴할 수 있을 것이다.

동업할 사람을 고른다는
생각으로 관찰하라

요식업을 했던 친구가 있다. 한 5~6년 전쯤 다니던 직장을 그만두고 가게를 차리겠다고 했다. 그 친구는 몇 개월을 바삐 움직였다. 장사할 장소도 구하고 돈도 구하고 대충 준비를 끝마쳤을 때 필자에게 이런 말을 했다. 직접 같이 일할 사람 구하는 게 어렵다고. 주변에 혹시 추천해줄 만한 사람이 없겠냐고. 딱히 떠오르는 사람이 없었다.

그 친구는 같이 일할 사람을 찾고 찾다 어린 시절 꽤 마음이 잘 맞았던 친구와 동업을 하기로 했다. 투자한 금액을 어떻게 나누고, 수익 배분을 어떻게 하기로 했는지와 같은 구체적인 사정까지는 알지 못한다. 그저 사업 초기부터 둘의 사이가 나쁘지 않왔다는 점만 기억이 난다.

꽤나 단단해 보였던 둘 사이에 균열이 생기기 시작한 건 코로나19 사태가 터지면서다. 그럭저럭 장사가 잘되던 가게에 손님이 갑자기 뚝 끊기다 보니 이것저것 결정해야 할 일들이 많아졌다. 직원을 얼마나 줄여야 할지, 앞으로 운영은 어떻게 해야 할지 서로 생각이 달라 부딪치는 일이 잦아졌다.

5년 넘게 함께 일을 했지만 불과 며칠 만에 갈라서는 것을 결정했다. 결국 둘은 식당을 접기로 했다. 함께 사업을 하기 전부터도 오랜 친구였던 덕에 사이가 나빠지지는 않았다. 단지 서로 맞지 않는 부분이 있었음을 인정하고 함께 사업을 하지 않는 편이 둘의 관계에 더 도움이 될 것이라고 합의를 했을 뿐이다.

필자의 친구가 사업을 한 이야기를 이렇게 길게 설명한 이유는 바로 주식 투자 역시 동업자를 구하는 것과 닮은 점이 많아서다. 동업할 사람을 구해야 한다고 가정해보자. 어떤 사람이 동업자로 적합할까. 성실하게 일을 열심히 하는 사람인지, 사업과 관련한 경험이 있는지, 믿을 만한지, 돈은 좀 벌 줄 아는지 등등 고려해봐야 할 사항이 너무나 많지 않을까?

"주식 투자는 동업과 똑같거든요. 내가 어떤 회사의 주식을 산다는 건 그 회사랑 동업을 한다는 거예요. 내가 돈을 대고 그 회사는 경영을 하고. 그러니까 뭐가 제일 중요하겠어요. 경영진이 제일 중요하죠. 똑똑한 사람인지 아닌지, 사업을 잘 할지 아닐지 알아봐야겠죠.

또 그거랑 별개로 산업군을 잘 못 고르면 망할 가능성이 크겠죠. 예를 들어서 동업을 하는데 친구가 노래방을 차리자고 해요. 노래방을 차리는 건 특별함이 없죠. 진입장벽이 낮지. 경쟁자가 많이 생길 수 있는 구조면 사업이 쉽게 어려워질 수 있는 거죠. 그러니까 '특별한 기술'이 있는지 없는지 이런 것들을 따져봐야죠. 그래야 경쟁 없이 오래 안정적으로 사업을 할 수 있죠.

그 다음에 '확장성'이 중요하죠. 예를 들어서 인터넷 게임은 공장을 짓지 않아도 되잖아요. 옛날에는 만약에 100억 원의 매출을 200억 원으로 늘리려고 하면 공장을 2배로 키워야 되잖아요. 그런데 요새는 꼭 그렇지 않거든요. 대표적으로 인터넷 플랫폼 기업들은 확장성이 장점이죠.

그러니까 종목을 선정할 때 동업을 한다고 생각하고 이런 요소들을 다 고려해봐야 하는 거예요. 이런 생각을 해보는 것 자체가 훈련이죠."

이는 30여 년 경력의 투자전문가에게 종목 고르는 노하우를 물어보자 돌아온 답이다. 젊은 주식 부자들만 많이 만나다보니 문득 호기심이 생겨 인터뷰를 추진하게 됐다. 오랜 기간 주식 투자를 하고, 주식 투자와 관련된 일을 해 온 사람의 내공을 느껴 보고 싶어서였다.

그는 좋은 종목 고르는 법이 의외로 간단하다고 설명한다. 앞서 언급했듯이 동업할 사람을 구한다는 마음으로 고민을 해보는 것이 가장 중요하다고 강조한다. 기술적으로 무슨 지표를 참고하고, 어떤 자료를 찾아보고 하는 것들은 어려운 일이 아니라는 말이다.

"제가 주식 투자를 해서 손해 본 적이 없다고 말을 해요. 사람들이 이상하게 볼 수 있어요. 그러니까 1, 2년 투자해서 손해 본 적이 없는 것이 아니고요. 10년, 15년 투자해서 손해를 안 봤다는 말이에요.

만약에 10년, 15년 보유하고 있어도 손해를 봤다? 그건 기업을 보는 안목이 없는 게 아니고 아예 기업을 안 본 거라고 생각해요. 그러니까 주식 투자를 사고팔고 하는 것으로 생각했기 때문에 펀더멘털(기초 체력)을 제대로 따져보지 못한 거죠.

투자 실패한 이야기를 무슨 무용담처럼 이야기하는 사람들이 많아요. 저는 창피해서 그런 이야기 못할 것 같은데도 막 하는 거예요. 왜 실패했냐고 물어보면 대부분 누가 사라고 해서 그랬다고 해요. 어떤 사람들은 상장폐지가 됐다고 해요. 상장폐지 되는 주식을 고르는 게 확률적으로 굉장히 어려운 일이거든요. 무슨 사업하는 회사인데 상장폐지가 됐냐고 물어보면 보통 잘 몰라요.

뭐 만드는 회사라고 들었는데요. 아니면 뭐 어디 납품하는 회사라고 하던데, 무슨 특허가 있다고 그러던데요. 이런 식이죠. 그 회사가 만드는 물건이 어떤 건지, 경쟁력이 어떤지 조금이라도 신경 써서 보고 고민해보면 상장폐지가 되거나 10년, 15년 뒤에 손해를 보거나 그럴 가능성은 아주 낮아요. 조금만 관심을 갖고 누구나 알 수 있는 것만 제대로 알고 투자해도 돈을 벌 확률이 올라간다는 거죠."

펀더멘털을 살펴보는 법

펀더멘털을 살펴보는 방법은 생각보다 간단하다. 먼저 기업의 매출액과 영업이익이 어떻게 변화하고 있는지 살펴봐야 한다. 당연히 성장 가능성이 높고 건강한 기업이라면 매출액과 영업이익이 매년 조금씩이라도 늘어나고 있어야 한다. 여기에 더해 경쟁력이 있는지 여부도 반드시 체크해봐야 한다. 산업군 내에서 그 기업이 어느 정도의 위치를 차지하고 있는지, 계속해서 투자를 늘리고 있는지 등을 알아보면 경쟁력을 어느 정도 가늠해 볼 수 있다.

이 밖에 가장 흔하게 찾아볼 수 있는 지표인 PER(주가수익비율)과 PBR(주가순자산비율)을 참고해 보는 것도 큰 도움이 된다. 앞서 한 차례 언급한 적이 있는 PER은 특정 기업의 주식 가격을 주당순이익으로 나눈 값이다. PER이 낮으면 기업이 벌어들이는 이익에 비해 주가가 낮은 것으로 이해하면 된다.

PBR은 특정 기업의 주식 가격을 주당순자산으로 나눈 값이다. 통상 PBR이 1 미만이면 저평가 상태라고 판단한다. 회사가 보유하고 있는 자산이 100만 원인데 주식 가격은 100만 원이 채 되지 않는다는 뜻이다. 이 경우에는 당연히 주식을 사는 것이 합리적인 선택이 될 것이다.

다만 무조건 그런 것은 아니다. PBR이 낮다는 것은 그 기업에 대한 시장의 평가가 낮다는 말이 될 수도 있고, 과거 사업을 잘해서 돈(자산)은 많이 벌었는데 앞으로는 성장할 가능성이 낮아 주식 가격이 떨어져 있다는 뜻이 될 수도 있기 때문이다.

적어도 종목을 선정할 때 '매출액과 영업이익 추이, PER과 PBR' 정도는 따져봤으면 좋겠다. 아무리 좋은 호재가 있어도 펀더멘털이 튼튼하지 못한 회사는 장기적으로 상승하기 어렵다. '어떤 기업이 새로운 사업을 시작한다'는 뉴스에 반짝 상승하는 것을 보고 다음 날 매수했다가 손해만 보고 판 경험이 필자도 많다. 한 1주일은 더 오를 것 같았는데 잠깐 반짝하고 그만이다.

6개월, 1년 버텨 봐도 기대했던 만큼의 수익이 나오지 않는다.

이런 기업들이 바로 펀더멘털이 튼튼하지 못한 경우다.

기업의 실적보다 더 중요한 것

매출이나 영업이익이 안정적으로 성장하는 튼튼한 기업들이 많다. 그러나 이런 기업들 주가가 매일같이 팍팍 오르는 것은 아니다. 주가는 다른 재화와 마찬가지로 수요와 공급의 법칙에 의해서 결정된다. 주식을 사고자 하는 사람들보다 팔고자 하는 사람들이 많으면 주가는 떨어질 수밖에 없다. 실적이 상승하는 기업의 주식을 사려는 수요가 많으니 주가가 올라갈 가능성이 높지만 반드시 그런 것은 아니라는 점을 이해해야 한다.

좋은 실적은 수요가 공급을 초과하게 하는 한 가지 요인일 뿐이라는 점을 간과하는 투자자들이 많다. 만약 실적과 주가가 반드시 비례하는 시스템이라면 주식 투자를 해서 돈을 잃는 사람들은 없을 것이다. 특정 기업의 실적 예상치는 누구나 쉽게 찾아볼 수 있는 정보이기 때문이다.

당장의 실적이 좋지 못하더라도 언젠가는 큰돈을 벌 가능성이 높다는 공감대가 형성된 기업의 주가가 고공행진을 하는 사례가 있다. 수요가 공급을 넘어섰기 때문이다. 쉽게 말해 그 기업의 주식을 사고 싶어 하는 사람들이 많다는 뜻이다. 그런 기업들은 투자자들에게 매력도가 높다는 공통점이 있다. 그 매력도는 사람들의 심리에 의해 결정되는 경우가 많다.

예를 들어 음료수 시장에 각기 다른 10개의 상품이 존재한다고 치자. 가장 잘 팔리는 상품과 가장 덜 팔리는 상품이 있을 것이다. 상품 선택에 영향을 주는 요소는 셀 수 없이 많다. 맛과 향일 수도, 제품 가격일 수도, 제품 포장일 수도, 해당 제품을 만드는 기업의 이미지일 수도, 광고 모델일 수도 있다. 이런 다양한 요소들이 소비자들의 심리에 영향을 미치고 선호도를 형성하게 된다. 그리고 이 같은 선호가 곧 수요로 이어진다.

주식 시장 역시 마찬가지다. 기업의 실적은 음료수의 맛과 향처럼 주식이라는 제품의 선호도나 매력도에 영향을 줄 수 있는 핵심적인 요소일 뿐이다. 그 외의 다양한 요소들이 투자자들의 심리에 영향을 미치고 그 심리가 해당 주식의 수요를 결정한다.

다음은 한 30대 직장인 투자자의 말이다. 투자를 시작한 지 5년여 만에 자산을 20억 원대로 불린 그는 종목 고르는 노하우를 묻는 필자의 질문에 이렇게 답했다.

"사람들이 맹목적이다 싶게 좋아하는 기업들이 있잖아요. 이미지가 좋은 기업이랄까. 저는 그런 종목들을 먼저 잘 추려보고 그중에서 저평가 상태인 종목을 찾아서 투자하는 걸 좋아해요. 투자자들의 선호도나 매력도가 높은 기업의 주가 상승 가능성이 높으니까요."

대표적인 사례가 미국 전기차 기업 테슬라다. 일찍이 테슬라에 투자해서 몇 배 이상 수익을 낸 사람들이 많다. 테슬라는 거의 종교에 가까운 팬덤이 있는 종목으로 유명하다. 테슬라에 대한 사랑이 맹목적인 사람들을 일컫는 '테슬람'이라는 별명이 있을 정도다.

이렇게 팬덤이 두터운 종목은 수급이 안정적이라는 장점이 있다. 외부적인 요인으로 인해 시장이 흔들릴 때도 버티는 힘이 좋다. 긍정적인 뉴스가 나오면 다른 기업들에 비해 정보가 더 빨리 시장에 퍼진다. 부정적인 뉴스가 나왔을 때도 팬들이 나서서 진화를 시도해 타격을 최소화하는 경우가 많다. 자연스럽게 주가 흐름이 안정적으로 우상향할 가능성이 높다.

흔히 주식은 심리학이라는 이야기들을 많이 한다. 심리학자가 쓴 주식 관련 서적들도 많다. 실제 주식 투자를 할 때 사람들의 심리를 예측하는 것이 큰 도움을 준다는 점을 부정할 수는 없다. 젊은 주식 부자들 중 대학에서 사회학이나 심리학을 전공한 사람들이 몇 명 있었다. 특히 놀라웠던 점은 투자 공부를 할 때 심리 관련 서적들을 3~4권 이상 읽어본 경험이 있는 사람들이 많았다는 것이다.

"저는 투자할 때 사람들의 심리를 예측하는 게 가장 중요하다고 생각을 해요. 주식의 가격을 결정하는 것은 결국 수요와 공급이잖아요. 수요와 공급은 사람들의 의지에 따라 좌우되는 거고요. 한 마디로 금리, 물가, 기업 실적 같은 변수들과 주가 사이에 사람들의 심리가 자리 잡고 있는 거죠.

그래서 어떤 일이 일어났을 때 사람들이 매수할지 매도할지 점쳐 보거나, 사람들이 특정 기업의 잠재력을 어느 정도로 보고 있는지 예측해보는 훈련들을 꾸준히 해봐야 할 것 같아요. 그렇게 혼자 가설을 세워보고 검증해 보는 과정을 통해서 투자 실력이 늘어날 수 있다고 보거든요. 물론 저도 그런 식으로 투자를 해서 계속 괜찮은 성과를 내 왔고요."

그러니까 투자할 종목을 고를 때 실적만 들여다보는 바보 같은 짓은 그만두자. '튼튼한 회사인데 왜 안 오르지'라며 고민하고 기다려봐야 시간 낭비일 수 있다. 그보다 투자하는 사람들이 많이 언급하는 회사에 관심을 가져보자. 아니면 크게 알려지지는 않았지만 언젠가 사람들이 좋아할 가능성이 높은 회사에 베팅해 보는 것도 방법이다. 명심하자. 수요가 있어야 주가가 오른다.

사람들이 좋아하는 기업들을 적어보고 그 기업들의 6개월, 1년, 5년간의 수익률을 찾아보자. 앞으로의 투자 아이디어를 얻는 데 도움이 될 것이다.

no.	종목명	6개월 수익률	1년 수익률	5년 수익률
1				
2				
3				
4				
5				

기관과 외국인이 돈 벌 때
개인은 못 버는 이유

전체적으로 시황이 좋을 때는 뭘 사도 잘 오른다. 단순한 확률을 생각해보면 쉽다. 전체 종목 중 80%가 오를 정도의 상승세라고 치자. 이럴 때는 아무렇게나 다섯 종목을 골라도 산술적으로 네 종목은 상승한다. 문제는 시장이 횡보하거나 하락할 때다. 그럴 때 수익을 낼 만한 종목을 찾는 것이 진짜 투자 실력이다. 그리고 그럴 때 수익을 내야 주식 투자로 돈을 꾸준히 벌 수 있고 부자가 될 수 있다.

2022년 초반 주식 시장이 계속해서 고꾸라질 때가 있었다. 2021년 연말까지만 해도 코스피지수가 3000포인트 안팎에서 움직였는데 2022년 3월 초에는 2600포인트 선까지 떨어졌다. 같은 기간 코스닥지수도 1030포인트대에서 870포인트대까지 떨어졌다. 금리 인상에 러시아의 우크라이나 침공까지 겹치면서 말 그대로 답이 안 나오는 상황이 이어졌다.

이럴 때는 어떤 종목을 사서 보유해야 돈을 벌 수 있을지 고민을 해봤다. 문득 한 전업 투자자가 해준 말이 떠올랐다. 개인 투자자들의 수익률은 기관과 외국인 수익률을 따라가기가 힘들다고. 때로는 기관과 외국인이 투자하는 종목을 따라 매수하는 것도 방법이 될 수 있다고 했다.

그래서 실제로 2022년 들어 20여 일간 개인, 기관, 외국인이 많이 매수한 종목을 찾아보고 수익률을 비교해봤다. 그리고 각 주체별로 많이 매수한 종목들의 공통점을 살펴봤다. 몇 시간을 들여다보고 있으니 나름의 특징을 발견할 수 있었다. 하락장에서는 어떤 종목을 매수하면 수익률을 높일 수 있는지 조금이나마 감이 오기 시작했다.

2022년 1월 3일~1월 21일까지 개인 투자자들이 가장 많이 순매수한 종목은 카카오였다. NAVER, 삼성전자, 카카오뱅크, 크래프톤 순서로 많이 사들였다. 가장 많이 사들인 종목 10개 중에 오른 종목은 한 개도 없었다. 30% 넘게 하락한 종목도 있었고 평균적으로 10% 이상은 하락했다.

종목명	순매수액	12월 30일 종가	1월 21일 종가	수익률
카카오	1조 39억 원	112,500원	91,800원	-18.4%
NAVER	8270억 원	378,500원	333,000원	-12%
삼성전자	7360억 원	78,300원	75,600원	-3.4%
카카오뱅크	4860억 원	59,000원	43,800원	-25.8%
크래프톤	3790억 원	460,000원	310,000원	-32.6%
하이브	1960억 원	349,000원	285,000원	-18.3%
엘앤에프	1890억 원	222,400원	198,500원	-11.4%
삼성바이오로직스	1640억 원	903,000원	818,000원	-9.4%
LG생활건강	1620억 원	1,097,000원	990,000원	-9.8%
SK아이이테크놀로지	1600억 원	168,000원	146,500원	-12.8%

개인 투자자들이 가장 많이 순매수한 종목(2022년 1월 3일~1월 21일)

같은 기간 외국인 투자자들이 가장 많이 사들인 종목은 삼성전자였다. LG화학, SK하이닉스 등이 뒤를 이었다. 특히 KB금융과 하나금융지주 등 금융주를 많이 사들인 것이 눈에 띄었다. 개인 투자자들에 비해서는 수익률도 양호했다. 순매수 상위 10개 종목 중 5개 종목이 상승했다. 10%가 넘게 상승한 종목도 있었다.

종목명	순매수액	12월 30일 종가	1월 21일 종가	수익률
삼성전자	1조 1978억 원	78,300원	75,600원	-3.4%
LG화학	1조 270억 원	615,000원	694,000원	12.8%
SK하이닉스	6204억 원	131,000원	119,000원	-9.2%
현대글로비스	6194억 원	168,000원	165,000원	-1.8%
KB금융	3794억 원	55,000원	60,300원	9.6%
삼성전자우	2544억 원	71,200원	69,100원	-2.9%
하나금융지주	2224억 원	42,050원	45,550원	8.3%
신한지주	1883억 원	36,800원	39,250원	6.6%
우리금융지주	1318억 원	12,700원	14,850원	16.9%
셀트리온	1279억 원	198,000원	163,500원	-17.4%

외국인 투자자들이 가장 많이 순매수한 종목(2022년 1월 3일~1월 21일)

같은 기간 기관은 KT, SK이노베이션, SNK 순서로 순매수를 많이 했다. 개인 및 외국인 투자자들과 비교해 수익률이 가장 좋았다. 순매수 상위 10개 종목 중 손실이 난 종목이 현대글로비스 한 종목이었을 정도다.

종목명	순매수액	12월 30일 종가	1월 21일 종가	수익률
KT	4330억 원	30,600원	31,750원	3.8%
SK이노베이션	3618억 원	238,500원	252,000원	5.7%
SNK	1034억 원	36,050원	36,800원	2.1%
POSCO	995억 원	274,500원	282,000원	2.7%
한국항공우주	707억 원	32,450원	37,100원	14.3%
한화솔루션	698억 원	35,500원	37,000원	4.2%
한화에어로스페이스	602억 원	48,000원	53,500원	11.5%
현대미포조선	554억 원	70,000원	76,100원	8.7%
현대글로비스	462억 원	168,000원	165,000원	-1.8%
S-Oil	435억 원	85,700원	89,300원	4.2%

기관 투자자들이 가장 많이 순매수한 종목(2022년 1월 3일~1월 21일)

이 같은 결과를 놓고 증권사 관계자들과 투자 전문가들의 의견을 들었다. 그들은 입을 모아 개인들이 성장주 위주로 매수해 성과가 좋지 못했던 것이라고 평가했다. 성장주는 현재의 가치보다 미래의 가치가 더 높게 평가되는 종목을 뜻한다. 쉽게 말해 지금보다 앞으로 훨씬 돈을 더 많이 벌 것으로 기대가 되는 종목들을 말한다. 참고로 성장주의 반대말은 가치주로, 미래 성장성보다 현재 실적이 더 주목을 받는 종목이다.

금리 인상기에 기관과 외국인 투자자들이 주목한 종목

전문가들은 개인들이 코로나19 사태 이후로 겪은 주식 시장에서의 경험이 성장주 선호 현상을 불러왔다고 진단했다. 코로나19가 처음 유행했을 때를 기억할 것이다. 공포감으로 인해 주식 시장이 바닥을 쳤다.

이에 당시 경제 부양을 위해 세계 각국이 통화 공급을 늘려 유동성이 풍부해지면서 주식 시장에 많은 돈이 몰렸다. 당연히 성장주들이 큰 폭으로 상승했다. 미리 저점 매수를 한 사람들은 큰 부자가 됐다. 이런 상황을 지켜본 개인 투자자들이 2022년 초에도 '떨어진 지금이 기회'라는 마음으로 성장주들을 많이 사들이고 있다는 것이다.

코로나19 사태 초기에는 막연한 공포감에 시장이 과도하게 반응을 했던 측면이 있다. 그러다 코로나19가 생각보다 기업 실적에 영향을 크게 미치지 않는다는 점이 확인되면서 시장이 회복하기 시작했다. 이에 더해 풍부한 유동성이 상승세에 불을 지폈다. 하지만 2022년 초에는 금리 인상이 시장 침체의 원인으로 지목받았다. 시장이 언제 다시 상승세를 탈지 섣불리 예측하기 어려웠다.

통상 금리가 오르면 성장주는 힘이 빠질 수밖에 없다. 코로나19 사태 이후로 비정상적으로 금리가 낮아지고 돈이 많이 풀렸던 만큼 앞으로 수년간은 금리가 계속해서 상승할 가능성이 높다. 이는 성장주가 언제 다시 상승할지 기약하기 어렵다는 말이 된다. 2022년 들어 개인 투자자들이 많이 매수한 성장주들이 힘을 쓰지 못했던 이유다.

반면 외국인 투자자들은 이 같은 금리 인상을 기회로 삼았다. 금리 인상기에 실적이 좋아질 '금융주'를 많이 사들인 덕이다. 변화에 발 빠르게 대응한 것으로 볼 수 있다. 기관은 정유, 화학, 조선, 철강 등 '경기 민감주' 위주로 매수했다. 경기 민감주는 거시적 경기 사이클에 민감하게 반응하는 종목을 뜻한다. 기관은 특히 2021년 부진했으나 앞으로의 실적 개선 가능성이 높은 종목들 위주로 매수를 하며 좋은 성과를 냈다.

전문가들은 개인과 외국인, 기관의 투자 성과를 가르는 차이점은 분석력과 판단력이라고 설명한다. 개인 투자자들은 판세를 읽고 적절한 대응을 할 수 있는 능력이 상대적으로 떨어진다는 것이다. 그래서 맹신할 수는 없지만, 종목 발굴이 어려울 때는 외국인이나 기관의 움직임을 참고해서 투자 전략을 짜는 것도 유용할 수 있다. 개인, 기관, 외국인들이 어떤 종목을 많이 사고 있고 어떤 종목을 많이 팔고 있는지는 HTS나 한국거래소 정보데이터시스템에서 쉽게 찾아볼 수 있으니 틈틈이 확인해보면 좋겠다.

때로는 단순하게 생각하라

2020년 코로나19 사태가 주식 시장을 휩쓸고 난 이후로 두 가지 부류의 말을 가장 많이 들었다. 첫 번째로 "코로나 때 돈 좀 버셨죠?" 하는 질문이다. 필자가 코로나19 사태 이전부터 주식 투자를 해 오고 있었고 증권부 기자였기 때문에 이런 질문을 했을 것이라고 생각한다. 하지만 저런 질문을 들을 때마다 필자는 그저 웃어넘길 뿐 속 시원히 그렇다고 답을 할 수가 없었다. 실제로 거의 벌지를 못했으니까. 필자는 아직까지도 크게 잃지는 않았지만 그렇다고 크게 벌지도 못한 그저 그런 투자 성과를 내고 있다.

두 번째 질문은 "코로나 때 죄다 올랐는데 그걸 실력이라고 할 수 있나요?"와 같은 말이다. 솔직히 잘 모르겠다. 반은 맞고 반은 틀린 말이라고 생각한다. 주식 시장이 바닥을 찍고 상승하면서 타이밍을 잘 맞춘 사람들은 수익을 많이 냈을 것이다. 물론 이것은 결과론적인 이야기다. 운이 많이 작용했다.

그런데 운도 실력이다. 2020년 당시만 해도 주식 시장이 어떻게 움직일지 섣불리 예측하기가 힘들었다. 여의도의 일부 전문가들마저도 코로나19 사태로 주식 시장 침체가 장기간 이어질 것이라는 전망을 하기도 했었다.

실제로 2020년 3월 코스피지수를 찾아봤다. 2000포인트 초반에서 움직이던 코스피지수는 2020년 3월 19일 1457.64포인트를 기록했다. 한 달이 채 되지 않아 30% 가까이 폭락을 한 것이다. 이후에는 완만한 상승 곡선을 그리기 시작했다. 2020년 5월 말에는 2000포인트를 다시 돌파했다. 그 이후로도 꾸준히 상승을 계속해 3000포인트를 넘어섰다.

그런데 코스피지수가 그렇게 계속 상승세를 탈지는 그 누구도 예상할 수 없었다. 특히 오히려 하락 가능성이 더 높다고 전망한 개인 투자자들이 많았다. 개인 투자자들은 코스피시장이 상승을 시작한 3월 말부터 4월 초까지 지수가 하락하면 수익이 나는 인버스 상품을 2조 원어치 넘게 사들였다. 해당 기간 개인 투자자들의 코스피 시장 전체 순매수액은 4조 4000억 원 남짓이었다. 무려 절반에 가까운 자금이 코스피지수 하락에 베팅된 것이다. 코로나19라는 전염병이 얼마나 큰 파장을 몰고 올지 예측하기 어려운, 불확실성이 극에 달했던 상황이었기 때문이다.

이런 맥락에서 보면 당시 많이 할인이 된 상태였던 종목을 골라 매수하고 장기간의 회복기를 견디면서 수익을 낸 투자자들은 실력이 있는 것이라고 평가할 수 있다. 그동안 만나 온 젊은 주식 부자들 중에서 이 당시에 큰 수익을 거둔 사람들이 많다. 특히 예상외의 단순한 판단으로 수익을 낸 투자자들도 꽤 많았다.

당시 큰 수익을 거뒀던 사람들 중 한 명은 "주식 투자는 복잡하게 생각하면 더 안 되는 것 같다"고 말했다. 10년 넘게 주식 투자를 해오면서 깨달은 진리라고 했다. 오래 공부하고 고민하고 여러 가지 변수를 고려해서 내린 결정도 잘못될 수 있는 게 투자인 만큼 때로는 단순하게 생각하는 게 나을 수 있다는 것이다.

단순한 생각으로 투자해 성공한 사례를 하나 소개하려고 한다. 13살, 초등학교 6학년 나이에 주식 투자로 1000만 원을 넘게 번 학생의 이야기다. 투자를 하기에 너무 어리다고 할 독자가 있을지도 모르겠다. 하지만 직접 만나 이야기를 나눠 본 결과 분명히 배울 점이 있다는 생각이 들었다.

이 학생을 만난 건 2021년 2월이다. 코로나19 사태가 터진 뒤

1년여쯤 지난 뒤다. 당시 자신의 주식 투자 이야기를 직접 유튜브에 올려 유명세를 탔다. 2020년 4월 2000만 원으로 투자를 시작해 1년이 채 되지 않아 1400만 원이 넘는 수익을 냈다. 급히 연락처를 수소문해 어머니와 연락이 닿았다. 제주도에 살고 있다는 이야기를 듣고 부랴부랴 제주도로 향해 학생과 만났다.

"제가 원래 돈 버는 것에 관심이 많아요. 어렸을 때부터 사업도 하고 했었거든요. 우연히 집에서 동생하고 TV를 보고 있는데 주식 관련 경제 방송이 나오더라고요. 거기에서 한 전문가 분이 10년에 한 번 오는 기회라고 그런 말씀을 하시더라고요. 그때 '10년에 한 번이면 이번 기회를 놓친다고 쳤을 때 내가 22살이 돼야 또 기회가 오는 건가'라는 생각이 들었어요.

진짜 10년에 한 번 오는 기회라면 20살 넘을 때까지 기다려야 되잖아요. 그래서 부모님한테 말씀을 드렸어요. 처음에는 반대가 굉장히 심하셨어요. 주식으로 돈 번 사람 본 적이 없다고 하시면서요.

그런데 삼성전자가 그때 한 4만 2000원 할 때거든요? 다음 날 4만 5000원이 된 거예요. 그때 더 늦으면 안 되겠다고 느껴서 휴대폰 들고 보여드리고 이거 꼭 해야 된다고 졸라서 부모님이 주식 계좌를 만들어 주셨습니다."

어머니는 고민이 많았다고 한다. 초등학생 아들에게 2000만 원이나 건네준다는 게 쉬운 일이 아닐 것이다. 남편과 긴 상의 끝에 아들을 믿어보기로 결정한 데는 아이에 대한 믿음이 있었다.

"아이와 대화를 하다 보면 아이가 돈을 상당히 소중하게 생각한다는 점을 느낄 수가 있어요. 그래서 쉽게 잃지는 않을 것이라는 신뢰가 있긴 했어요.

주식 계좌를 열어주고 돌잔치할 때, 초등학교 입학할 때 친척 어른들에게 받았던 용돈에다가 아들이 직접 사업을 해서 번 돈까지 전부 털어 2000만 원 정도를 줬어요. 대신 이 돈을 한순간에 잃을 수 있다는 이야기를 여러 번 해줬죠. 또 종목 선택은 반드시 본인이 신중하게 해야 한다는 점도 알려줬어요. 제가 주식을 잘 모르거든요. 제 말 듣고 투자를 했다가 돈을 잃게 되면 저를 원망할 것 같았어요."

사실 이 학생은 어렸을 적부터 돈 버는 데 재능이 있었다. 7살 때 부모님이 운영하는 레저사업장에서 직접 미니카 장사를 시작했다고 한다. 부모님을 설득하기 위해 삐뚤빼뚤한 글씨로 사업계획서를 적어올 정도였다. 또 미국의 석유 사업가 존 록펠러가 어렸을 적 자판기 사업을 했다는 위인전 구절을 읽고는 자판기 사업도 했다고 한다. 이런 아들이라면 주식 투자도 시켜볼 만할 것 같다는 생각이 들었다.

나이가 어린 만큼 특별한 분석을 통해 종목을 선정하지는 않았다고 한다. 많이 들어 본 회사, 주변에서 흔히 보이는 물건들을 만든 회사 위주로 매수했다. 쉽게 망하지 않을 것 같아서였다. 그렇게 산 주식이 삼성전자, LG생활건강, 현대차 등이다. 물론 운이 좋았다는 지적을 피할 수는 없다. 본인도 그 점을 인정하고 있다.

"1년도 안 돼 수익이 많이 난 건 운이 좋았던 것 맞죠. 그런데 저는 장기투자를 하고 싶거든요. 단타를 하는 게 아니기 때문에 당장에 뭘 어떻게 하겠다는 계획은 없어요.

주식이 계속 떨어져서 손해가 될 수도 있는데요, 그러면 어떡하지 그런 걱정은 안 하고 더 사야겠다는 생각을 할 것 같거든요. 떨어지면 사고 오르면 좋고. 전 아직 어리니까 한 10년, 20년 뒤에 많이 올라 있을 거라고 생각해요. 뭐 50년 후에 팔 수도 있는 거죠."

때로는 이 같은 단순한 장기투자도 전략이 될 수 있다. 기업 내부의 요인이 아닌 외부 환경 탓에 주가가 떨어져 있다면 매수하고 오를 때까지 기다리는 것이다. 물론 꾸준하게 안정적으로 수익을 내는 회사를 골라야 한다. 투자의 귀재로 불리는 워런 버핏 역시 이런 투자법을 추천한다. 그가 지속적인 수요가 있는 소비재 기업에 장기간 투자해 큰 수익을 낸 일화는 유명하다. 그가 사랑하는 대표적인 기업이 한결같은 사랑을 받고 있는 코카콜라와 질레트이다.

조금 다른 이야기지만 처음 이 학생의 이야기를 기사로 썼을 때 '너무 어린 나이부터 돈, 돈 하는 것 아니냐'는 댓글이 달리기도 했다. 하지만 경제, 금융 교육은 어렸을 때부터 시작하는 것이 좋다는 시각도 존재한다. 세계에서 가장 잘 사는 민족으로 유명한 유대인들이 어렸을 때부터 돈에 대한 공부를 시킨다.

유대인들은 13세가 되면 집안 어른들이 성인식을 열어주는데 이때 부모와 친척들이 축의금으로 큰돈을 내어 준다고 한다. 통상 자녀들은 이 돈을 주식과 채권 등에 나눠 묻어둔다. 어린 나이부터 실전 투자하는 법을 체득하는 셈이다. 이런 풍습은 2000년이 넘게 이어져 왔다. 이는 오늘날까지 유대인들이 많은 부를 축적하고 살아가는 기반이다.

12

작은 수익도 허투루 여기지 마라

코로나19 사태 이후로 주식 투자에 관심을 갖는 사람들이 많아지면서 공모주 투자 열풍도 거세졌다. 금융감독원에 따르면 2021년 기업공개(IPO) 공모금액은 19조 7000억 원이다. 이는 2020년 4조 5000억 원과 비교해 5배 가까이 늘어난 수치다. IPO를 한 기업 수는 2020년 70개사에서 2021년 89개사로 늘었다.

공모주는 한 마디로 공개적으로 모집하는 주식이라는 뜻이다. 기업이 주식시장에 상장을 할 때 투자자들에게 주식을 파는 것이다. 일반적으로 청약을 통해서 투자자들을 모집하고 청약한 금액을 기준으로 투자자들에게 주식을 나눠준다. 이때 나눠주는 주식을 공모주라고 한다. 공모주는 주식 상장 당일부터 바로 사고팔 수 있다.

투자자들이 많이 몰린다는 것은 그 기업이 시장에서 높은 기대를 받는다는 방증이다. 이렇게 높은 기대를 받는 공모주들은 상장 첫날부터 높은 상승률을 기록하는 경우가 많다. 공모주를 받아 빠른 시간 내에 시세 차익을 누리는 투자자들이 많다. 젊은 주식 부자들도 이 같은 공모주 투자를 빼먹지 않고 해야 한다고 강조한다.

다음은 1장 04 '당신의 삶을 움직이는 원동력은 무엇인가'에서 언급한 S씨의 말이다. 그는 다양한 채널로 공모주 투자 관련 정보를 투자자들에게 전하는 일을 하고 있다. 공모주 투자로만 1년에 수천만 원을 번 경험이 있다고 한다.

"직장에 다닐 때 선배들 중에 이런 말씀을 해주시는 분들이 많았어요. 나중에 공모주 한 번 해봐. 쏠쏠하니 용돈은 벌 수 있다고요. 그런데 제가 일을 할 때는 특별히 주식 투자에 관심이 없었어요. 그래서 그때는 그냥 네, 네 하고 넘어갔어요.

그런데 개인적인 사정이 있어 퇴사를 하고 나니까 공모주 투자 한 번 해볼까 하는 생각이 들더라고요. 제가 처음 시작한 게 삼성SDS 공모주부터 시작을 했거든요. 막상 해보니까 수익이 꽤 나더라고요. 그래서 그때부터 공모주 투자를 시작하게 된 것 같아요."

하지만 모든 투자가 그렇듯 무조건 수익이 나는 건 아니다. 공모주를 투자할 때 유의해야 할 점은 어떤 것이 있을까.

"공모주는 사실 청약하기 전에 수요 예측 결과가 담긴 투자 설명서가 나와요. 금융감독원 사이트에서 쉽게 볼 수가 있는데요. 그걸 보면 기관들의 경쟁률 같은 자세한 사안들을 참고할 수가 있어요. 그걸 보면 이 기업이 인기가 있는지 없는지가 단번에 파악이 되기 때문에 반드시 체크하고 넘어가야 합니다.

그 다음에 해당 종목이 최근 시장의 주도 업종인지, 인기 업종인지 그런 것들도 감안해 봐야 해요. 예를 들어서 최근에 원자재 쪽 경기가 안 좋은데 원자재 쪽 사업을 하는 기업이라고 하면 아무래도 위험할 수가 있잖아요. 그런 부분을 잘 고민해봐야 되고요. 아무리 돈이 많이 몰린 기업이라고 해도 실적이 두드러지지 않으면 떨어질 수도 있는 거니까 충분히 생각해 봐야죠."

그는 장기적으로 상승할 가능성이 높다는 믿음이 가는 공모주는 상장 당일 매도하지 않고 잠시 동안 시세를 지켜보는 편이다. 프레스티지바이오파마라는 종목은 상장 3일째 되는 날 매도를 해서 50% 가까운 수익률을 냈고, 맥스트라는 종목은 1주일이 채 되지 않아 4배 넘는 수익을 냈다. 다만 이런 경우를 제외하고는 대체로 상장 첫날에 모두 매도를 한다고 했다.

"대체로 장 시작하고 30분 이내에 다 정리를 하는 편이에요.

왜냐하면 공모주가 사실은 경쟁률이 높아서 몇 주 못 받아요. 그런데 그거 몇 주 가지고 하루 종일 시세 보고 고민하고 전전긍긍하는 것은 효율적이지 못한 것 같아요. 저는 돈보다 시간이 더 값지다고 생각하거든요. 그래서 일단 빠르게 매도를 하고 다른 볼일 보고요.

그다음에 매도한 종목에 대해서는 절대 미련을 갖지 않는 게 중요한 것 같습니다. 제가 보면 공모주 투자하시면서 '아, 나 너무 저가에 팔았어'라고 하시면서 속상해하시는 분들이 진짜 많아요. 그런데 우리가 공모주 한두 번 할 것 아니거든요. 앞으로 꾸준히 해서 수익을 내야 되거든요. 그리고 주식 수가 몇 주 되지도 않잖아요. 그러니까 몇 주 저가에 팔았다고 하더라도 너무 속상해하지 않았으면 좋겠어요. 기회는 무궁무진하니까요."

간절하게, 조금씩 수익 내는 법을 배워라

공모주 투자에 돈이 몰리는 이유는 간단하다. 비교적 안정적으로 수익을 낼 가능성이 높아서다. IPO를 통해 주식시장에 상장을 한다는 것은 기업이 탄탄하게 성장해 왔음을 의미한다. 상장을 위해서는 한국거래소의 여러 심사 과정을 거쳐야 하기 때문이다. 한 마디로 검증을 받은 기업이라는 뜻이다. 상대적으로 저렴한 가격에 매수할 수 있다는 점도 장점이다.

하지만 공모주가 장기적으로 무조건 상승하는 것은 아니다. 2021년 3월부터 2022년 2월까지 주식시장에 상장한 종목 중 시가총액이 5000억 원 이상인 종목이 17개이다. 2022년 3월 2일 기준으로 이 17개 종목 중 14개 종목 주가가 상장일 종가보다 더 낮다. 심지어 이 중 3개 종목은 공모가보다도 주가가 더 낮은 상태다. 다시 말해 17개 종목 중 3개 종목만이 상장일 종가보다 상승해 있다는 뜻이다.

특히 메타버스 관련주로 주목을 받았던 게임업체 크래프톤은 20만 원대까지 떨어졌다. 크래프톤의 공모가는 49만 8000원이었다. 바이오헬스기업 HK이노엔도 공모가는 5만 9000원이었지만 4만 원대까지 하락했다.

반면 양호한 흐름을 보이는 종목들도 적지 않다. 2022년 초 최대어였던 LG에너지솔루션은 2022년 3월 말 기준 40만 원대 중반에 거래 중이다. 공모가는 30만 원이었다. 2021년 9월 상장한 현대중공업은 12만 원대다. 공모가는 6만 원이었다. 이 밖에 2021년 3월 상장한 SK바이오사이언스, 비슷한 시기 상장한 자이언트스텝, 2021년 11월 상장한 디어유 등도 모두 공모가 대비 2배 이상 상승하며 높은 수익률을 기록했다.

이처럼 공모주 투자는 일반 투자보다 안정적으로 수익을 낼 수 있다는 장점이 있다. 비록 큰 수익은 아닐지라도 말이다. 한 가지 강조하고 싶은 점은 공모주 투자를 할 때 단기간에 수익을 실현하는 편이 좋다는 것이다. 다양한 공모주들의 흐름을 분석해 본 결과 상장 초반 급등세를 보이다가 꾸준히 우하향하는 형태가 많이 보였다. 상장 초반의 좋았던 흐름을 계속 유지하는 경우는 많지 않았다.

사실 필자는 공모주에 별로 관심이 없었다. 청약하는 절차도 꽤 복잡하고, 큰돈을 들인다고 해도 몇 주 못 받는다는 점이 가장 큰 이유였다. 주변에 치킨값이나 소고깃값은 충분히 벌 수 있다며 극성인 친구들이 있었지만 굳이 그렇게까지 해야 하나 싶었다.

그러다 한 어르신의 이야기를 듣고 마음을 고쳐먹었다. 20년 넘게 주식 투자를 하면서 수익률을 1000배 가까이 기록한 전설적인 전업 투자자다. 그는 필자가 공모주에 관심 없다는 말에 이렇게 답했다.

"제가 1000배 수익률을 냈다고 하면 대단한 눈으로 보시는 분들이 많거든요. 그런데 제가 한 달 만에 1000배 낸 게 아니잖아요. 1000원이 2000원 되고 그게 4000원 되고 그런 식으로 계속 불려온 겁니다. 티끌 모아 태산이라는 말 있잖아요. 그게 진짜 맞는 말이거든요. 적은 수익 하찮게 생각한 사람들은 부자가 될수 없어요. 투자를 시작한 이상 단 돈 1원이라도 벌어야 하는 거고, 1원이라도 잃으면 안 되는 거예요. 그렇게 간절하게, 조금씩수익 내는 법을 알아야 부자가 되는 겁니다."

공모주들의 흐름을 분석해보자. 언제 매도하는 게 좋을지 기준을 정립할 수 있을 것이다.

no.	공모주명	공모가	상장일 종가	현재가
1				
2				
3				
4				
5				

13

포트폴리오에 배당주를 반드시 포함해야 하는 이유

주식 투자로 큰돈을 번 사람들을 만날 때마다 물어보는 질문이 있다. 초보 투자자들에게 추천해줄 만한 투자 전략이 있을까요? 10명 중 7명은 배당주 투자를 추천한다. 안정적으로 수익을 내는 데 배당주만 한 것이 없다는 이유다.

배당은 기업이 일정 기간 번 돈을 주주들에게 나눠주는 것을 뜻한다. 배당을 주지 않는 기업도 있고 배당을 주지만 매우 적은 금액을 주는 기업도 있다. 기업들이 크게 빠르게 성장하는 구간에서는 배당을 할 여유가 없기 마련이다. 보통 사업이 어느 정도 성장을 하고 안정적인 구간에 돌입하면 배당을 주기 시작한다.

통상 배당을 주는 기업들 중에서 시장 금리 이상의 높은 배당을 주는 기업들을 배당주라고 칭한다. 1만 원짜리 주식이 한 주당 배당금을 100원 준다고 치면 배당수익률은 1%다. 코스피 시장의 평균 배당수익률은 2% 안팎이다. 일반적으로 3% 이상의 배당수익률을 주는 주식들을 배당주로 분류한다.

배당을 얼마나 할지 결정하는 것은 전적으로 기업에 달려 있다. 올해 배당금으로 500원을 주던 기업이 내년에는 300원으로 배당금을 줄일 수도 있다. 그래서 배당을 꾸준히 잘 하는 기업이 인기가 많다. 다음은 "전통적으로 배당을 많이 주는 업종이 있을까요?"라는 질문에 대한 한 증권사 연구원의 말이다.

"배당을 많이 하는 업종은 2가지 정도의 조건이 필요합니다. 첫째, 사업이 안정적이어야 하고 둘째, 현금 흐름이 안정적으로 발생을 해야 돼요. 한국 산업 중에서 살펴보면 성장성이 큰 IT나 소프트웨어 이런 기업들은 아직 사업이 안정적이라고 말하기는 어려워요. 안정적으로 배당을 주는 업종은 전통적인 산업군에 속해 있는 경우가 많습니다.

대표적인 게 '은행'입니다. 은행 업종은 계속해서 자금이 발생하고 현금이 들어오니까요. 배당도 안정적입니다. 그 다음은 '통신 업종'이 있어요. 통신요금은 다들 내잖아요. 그래서 사업이 안정적이고요. '유틸리티 기업'들도 전통적인 배당주로 분류됩니다. 전력이나 가스 같은 것은 모두가 사용을 하니까요."

배당주는 주가 흐름도 안정적인 경우가 많다. 배당수익률이 5%인 종목의 주가가 갑자기 절반으로 떨어졌다고 치자. 그러면 배당수익률이 10%가 된다. 배당수익률이 10%나 되는 종목에는 필연적으로 수요가 몰릴 수밖에 없다. 초과 수요는 가격 상승을 야기한다. 그래서 배당주는 외부적 요인에 의한 하락이 있을 때도 어느 정도 주가가 방어되는 효과가 있다.

하지만 배당주 투자가 반드시 성공을 담보하는 것은 아니다. 갑자기 배당을 줄이거나, 최악의 경우 배당을 주지 않는 경우가 생길 수 있어서다. 배당을 노리고 투자를 했는데 배당을 받을 수 없다면 주가는 떨어질 수밖에 없다. 이런 위험성 때문에 전문가들은 단순히 배당수익률만 좇아 투자하는 전략은 위험하다고 설명한다.

기업의 이익도 반드시 살펴봐야 할 요소다. 배당금은 동일한데 기업의 이익이 하락할 것으로 예상돼 주가가 떨어진 상황을 가정해보자. 이 경우 배당수익률은 높을 수밖에 없다. 그러나 이때 높은 배당수익률에 혹해 별 고민 없이 매수를 한다면? 아마도 큰 피해를 보게 될 것이다. 이익이 나지 않으니 향후 배당금이 떨어질 가능성이 높다. 또 실적 하락으로 인한 주가 하락이 손해를 가져다줄 것이다. 그래서 매수를 결정하기 전에 기업의 사업보고서를 찾아 매출액과 영업이익, 순이익 등이 잘 유지되는지 살펴보는 것이 필수적이다.

미국의 배당 귀족주

배당을 계속해서 늘려온 기업들에 투자하는 것은 위험을 줄이는 방법이 될 수 있다. 미국에는 '배당 귀족주Dividend Aristocrats'라는 것이 있다. 25년 이상 배당을 꾸준히 늘려온 기업들이다. 미국 최대 석유 기업 엑손모빌, 유통업체 월마트 등이 이에 속한다. 안타깝게도 한국에는 이렇게 오랜 기간 배당을 늘려온 기업을 찾아보기 힘들다. 아직 산업이 완전히 성숙한 단계에 들어서 있는 기업들이 많지 않아서다. 그간의 경제 변동성이 컸다는 점도 한 가지 이유다.

이에 발 빠른 투자자들은 적극적으로 미국 배당주 투자에 나서고 있다. 미국은 한국에 비해 높은 배당을 주는 배당주의 수가 더 많다. 주주 친화적인 기업문화 덕이다. 특히 최근에는 배당 ETF도 큰 인기다. 배당 ETF는 개별 종목에 투자하는 것보다 더 안전하다는 장점이 있다.

미국의 대표적인 배당 ETF인 VYMVanguard High Dividend Yield ETF은 총 자산이 500억 달러(약 60조 원)가 넘는다. 존슨앤존슨, JP

모건, 엑손모빌, 뱅크오브아메리카 등 고배당 미국 기업에 투자한다. 분기별로 배당을 하는데 2022년 1분기 배당금은 0.6622달러이다. 배당수익률이 2% 후반이다. 1000만 원을 투자했다면 연 30만 원 가까운 배당 수익을 얻을 수 있다는 계산이 나온다.

미국 시장에는 이 같은 배당주와 관련한 다양한 ETF들이 있다. 최소 10년 연속 배당금이 늘어난 미국 주식에 투자하는 VIG Vanguard Dividend Appreciation ETF, 5년 이상 배당금을 늘린 중소형 기업 100개에 투자하는 DVY iShares Select Dividend ETF도 한국 투자자들에게 인기가 많다.

이 밖에 매월 배당금을 지급하는 ETF도 관심이 올라가고 있다. 다양한 종목에 투자하며 연 6~7% 배당수익률을 기록 중인 JEPI JPMorgan Equity Premium Income ETF, 미국 채권 등에 투자하면서 JEPI와 유사한 배당수익률을 보이는 HNDL Strategy Shares NASDAQ 7 HANDL Index ETF 등이 대표적이다.

이렇게 길게 배당주에 대해 설명하는 이유는 배당주 투자'만' 하라고 추천하기 위해서는 아니다. 분산 투자라는 말을 누구나 들어봤을 것이다. 보통 주식 투자를 할 때 수익 극대화를 위해 한두 종목에 집중하는 경우가 있지만 대개는 5~6개 이상의 종목으로 포트폴리오를 구성한다. 이때 반드시 포함시켜야 하는 것이 바로 배당주다.

고수익을 위해 성장성이 높은 주식들 위주로 투자를 한다고 하더라도 20~30%는 배당주를 포함시켜 안정적인 수익을 낼 창구를 만들어두면 좋다. 5개 투자해서 5개 다 수익이 나면 좋겠지만 그러기 힘들다는 것을 우리 모두가 안다. 따라서 정기적으로 배당수익이 나는 주식으로 위험을 헷징(회피)하는 게 현명하다. 물론 포트폴리오 구성 비율은 개인 성향이나 연령대, 투자 목적에 따라 달라진다. 은퇴 후 안정적인 소득이 필요한 노인들의 경우에는 100% 배당주로만 포트폴리오를 구성할 수도 있다.

다음은 한 40대 투자 고수의 말이다. 그는 배당주에 투자하지 않는 것을 '바보 같은 일'이라고 말했다.

"확률을 생각해 볼까요. 단순하게 어떤 종목을 사서 오를 확률이 50%이고 내릴 확률이 50%이라고 치자고요. 그러면 우리가 투자에 대해서, 기업에 대해서 공부하고 연구하는 것은 오를 확률이 70%, 80% 되는 종목을 찾기 위해서죠. 그런데 그렇게 해도 여전히 20%, 30% 떨어질 확률이 있는 거잖아요. 그렇죠?

그러면 돈을 잃을 확률만 생각해 보자고요. 고민 끝에 한 종목을 사서 돈을 잃을 확률이요. 20%로 잡읍시다. 그러면 두 종목을 사서 두 종목 다 떨어질 확률은 20%보다 훨씬 낮잖아요. 세 종목을 사서 세 종목 다 손해가 날 확률이 더 떨어질 거고요. 그렇기 때문에 우리가 분산 투자를 하는 거죠. 하나가 떨어져도 하나가 오르면 괜찮으니까.

그래서 초보자일수록 위험하니까 분산을 해야 되는 거고요. 그런 차원에서 보면 포트폴리오에 조금이라도 배당주를 넣지 않는 건 진짜 바보 같은 짓이죠. 배당주만 잘 가지고 있어도 1년에 4~5% 수익은 쉽게 낼 수도 있거든요. 모르겠습니다. 그냥 막 투자해도 매년 10%씩 수익 내는 실력이 있다고 하시면 굳이 배당주 살 필요 없겠는데, 그런 실력 가진 사람 주변에서 본 적 있으세요?"

배당주 투자의 중요성을 강조하기 위해 배당주 관련 서적을 출간한 이력이 있는 미국의 CFA(국제공인재무분석가) 조쉬 피터스가 한 말을 소개한다.

"배당금이 개인 투자자를 성공으로 이끌 유일한 길이 아닐지 모른다. 그러나 아직까지는 더 좋은 방법을 보지 못했다."

보유하고 있는, 혹은 관심을 가지고 있는 배당주나 배당 ETF의 배당수익률을
적어보자.

no.	배당주명	배당 수익률	보유(희망) 액수
1			
2			
3			
4			
5			

일정만 잘 체크해도
수익을 낼 수 있다

2019년 5월 개봉한 봉준호 감독의 〈기생충〉이 전 세계적으로 큰 인기를 얻었을 때다. 영화 제작사와 투자배급사 등의 주가가 연일 상승했다. 심지어 영화에 등장하는 라면의 제조사도 상승세를 탔다. 〈기생충〉으로 인해 한국 콘텐츠에 대한 관심도가 높아지면서 영화와 드라마 등을 제작하는 콘텐츠 기업들도 주목을 받았다.

그런데 이 같은 상승세는 오래 이어지지 못했다. 상한가를 찍던 주식들이 수개월 뒤 제자리를 찾아갔다. 관련 종목들이 다시 출렁인 것은 〈기생충〉이 아카데미 시상식에서 4관왕에 오르면서다. 아카데미 시상식 전부터 수상할 가능성이 높다는 전망이

솔솔 나오면서 관련 종목들이 꿈틀대더니 시상식 이후 며칠간 상한가까지 기록했다.

하지만 이 역시도 오래 가지는 못했다. 한 달이 채 지나지 않아 주가가 하락세를 탔기 때문이다. 주식을 미리 사 뒀다가 한참 오를 때 판 사람들이 큰 수익을 냈을 것이고 뒤늦게 '며칠 더 오르겠지' 하는 마음으로 추격매수를 한 사람들은 큰 손실을 봤을 것이 뻔하다. 필자는 당시 이런 흐름을 지켜보면서 조금만 부지런하게 생각하고 행동하면 수익을 낼 수 있겠다는 생각을 했었다.

1년여가 지난 뒤에 실제 이런 방법으로 큰 수익을 내고 있다는 투자자를 만나게 됐다. 앞서 두 차례 언급한 적이 있는 K씨에게서다. 그는 이 같은 투자 방법을 일정매매법이라고 소개했다.

"1주나 2주 뒤에 어떤 영화가 개봉한다든지 드라마가 시작을 한다든지 이런 일정을 찾고 그 일정과 관련된 종목이 뭐가 있는지 찾아서 미리 매수를 해두는 거죠. 직장에 다니면서 투자하는 분들은 이런 투자법이 잘 맞을 것 같아요. 퇴근하고 나서 일정 같은 걸 찾아서 업데이트하고 대비해서 사두고 그 일정 전에 상승하면 팔고 하는 일을 반복하다보면 수익을 낼 수 있거든요."

그런데 한 가지 의문이 생겼다. 영화 개봉이나 드라마 시작, 각종 행사 등과 관련한 일정은 웬만해서는 바뀌지 않는 것이 맞는다. 그런데 어떤 영화가 상을 탈지 말지 같은 건 예측할 수 없는 영역이지 않은가.

"수상 여부는 모르죠. 그런데 반드시 그 시상식 일정 전에는 기대감 덕분에 오르게 돼 있어요. 만약에 상을 탈 것이 확실시되고 본인이 판단했을 때도 무조건 탈 것 같다고 생각을 한다면 시상식 이후까지 들고 지켜보면 되는 거고요. 아무래도 확실하지 않다는 생각이 들거나 불안하다는 생각이 들 때는 시상식 전에 매도하면 되는 거죠. 여러 가지 매매 전략을 짤 수도 있어요. 실제 시상식이 열리기 전에 반은 팔고 반은 놔둔다거나 하는 식이죠.

이와 비슷한 사례로는 영화 〈미나리〉가 있다. 배우 윤여정 씨가 아카데미상 여우조연상 후보로 지명될 수 있다는 기대감에 관련 종목들 주가가 급상승했다. 이 영화 배급사와 부가판권 계약을 맺고 있는 SM Life Design은 2021년 3월 초 2000원대 후반에서 3400원대까지 상승했다. 이후 실제 여우조연상 후보 등 6개 부문에서 지명이 되자 차익실현 매물이 쏟아져 나오며 다시 3000원대 초반까지 하락했다.

이 같은 흐름은 시상식 때도 반복됐다. SM Life Design은 윤여정 씨가 아카데미상 여우조연상을 수상한 날 19%가 넘게 하락했다. 시상식 전날도 15%가 넘게 떨어졌다. 수상 기대감이 고

조되던 직전 6거래일간 26.2% 올랐던 점을 감안하면 오히려 손해가 난 것이다. 매도 타이밍을 잘 못 잡았다면 큰 손해를 볼 수도 있었다. 1년 가까이 지난 2022년 3월까지도 아직 당시의 주가를 회복하지 못하고 있다.

이처럼 시장에 미칠 파급력이 큰 행사 등을 며칠에서 1~2주 정도 앞두고 매수했다가 일정이 임박해 오면 매도하는 전략은 안정적인 수익을 담보할 수 있다. 매년 열리는 세계 최대 가전·IT 전시회인 CES에서 좋은 성과를 내보일 가능성이 높은 기업들도 상승세를 탄다. 또 각종 가전제품의 출시 때는 제조사가, 한미연합훈련 등 군사훈련을 앞두고는 방위산업 관련 종목이 주목을 받기도 한다.

필자는 원래 이런 형태의 투자를 선호하지는 않았다. 주로 저평가된 상태인 것으로 판단되는 중소형주를 사서 오랜 기간 기다려 큰 수익을 노려보는 쪽을 좋아했다. 그런데 열 종목이면 열 종목 모두 그런 종목만 사다 보니 손실이 나면 메꿀 방법이 마땅치 않았다. 그래서 비교적 단기간에 안전하게 수익을 보는 훈련을 해봐야겠다는 생각으로 직접 일정을 활용한 투자를 몇 차례 시도해봤다.

증권 관련 취재를 오래 한 선배에게 이런 이야기를 털어 놓으니 실제로 꽤 많은 사람들이 하고 있는 투자법이라는 설명을 해줬다. 그리고 넓게 보면 계절에 따라 소비 흐름이 바뀌는 기업에 투자하는 것도 일정매매법에 포함될 수 있다고 귀띔해줬다. 곰곰이 생각해보니 예전에 '이렇게 더운데 아이스크림 관련주 왜 안 오르나'와 같은 종류의 기사를 썼던 기억이 났다.

사실 계절주에 투자하는 것은 오래전부터 널리 알려진 투자법이다. 봄이 되면 미세먼지가 심해지니 공기청정기나 마스크 관련 기업에 투자하고, 여름에는 빙과 관련 기업이나 에어컨 관련 기업에 투자하는 식이다. 마찬가지로 겨울에는 보일러나 의류 관련 종목이 주목을 받는다.

필자가 그런 투자를 시도해 보려는 생각을 했던 당시는 봄이었기 때문에 더운 날씨의 수혜가 예상되는 종목들을 추려보고 그 기업들의 증권사 리포트를 찾아봤다. 그런 과정을 통해 실적 개선이 예상되는 종목을 몇 가지 골랐다. 그중 하나가 바로 래시가드 등 스포츠의류를 주력 상품으로 내세우고 있는 배럴이었다.

2021년 3월 말쯤 매수를 했다. 9000원대 중반이었다. 매수를 한 지 얼마 지나지 않아 여름이 다가오면서 실적이 개선될 수 있다는 기대감에 코로나19 리오프닝(경기 재개) 특수가 겹쳐지면서 주가가 상승세를 탔다. 6월 초에는 1만 2000원대까지 상승했다.

2개월여 만에 20% 넘는 수익을 낸 것이다.

행복했다. 이런 식이면 금방 부자가 될 것 같았다. 그런데 행복은 오래 가지 못했다. 언제 팔면 될까 하는 고민하다가 잘못된 선택을 하고 만 것이다. 필자는 실제 해당 기업이 여름에 사업이 잘 돼 실적이 개선되면 3분기나 4분기에도 주가가 꾸준히 상승할 수 있을 것이라고 판단했다. 그런데 주가는 7월을 기점으로 하락하기 시작했다. 그때라도 팔았으면 좋았을 텐데 8월에는 필자가 산 가격보다 밑으로 떨어졌다. 물론 떨어진 이유는 정확히 알 수가 없다. 필자는 해당 종목을 1년 넘게, 여전히 보유 중이다. 올 여름이 가까워오면 탈출할 수 있지 않을까.

이처럼 일정을 잘 활용하면 누구나 수익을 낼 수 있다. 뭘 사야 할지 막막할 때는 이런 투자법도 한 번 시도해 볼 만하다. 그간 만난 젊은 주식 부자들 중에서 이런 기본적인 투자를 기가 막히게 잘하는 사람들이 많았다. 그들이라고 모두 특별한 재주가 있는 것은 아니다. 기본기에 충실한 것이 큰 성과를 담보할 때도 있다.

이미 지나간 일정이 있다면 한 번 적어보자. 그리고 관련 종목들의 주가 흐름을 한 번 살펴보자. 일정을 활용한 투자가 얼마나 성과가 좋은지 알아보자는 취지다.

no.	일정(일시)	관련 기업	수익률
1			
2			
3			
4			
5			

3장
대응과 성장

공포의 하락장을
새로운 기회로 이용하는 법

집을 판 돈으로 투자할 수 있어요?

처음 사회생활을 시작하고 선배들에게 애티튜드(attitude: 태도, 자세)가 중요하다는 말을 귀에 못이 박히도록 들었다. 무슨 업무를 맡게 되든 그 업무에 임하는 자세에 따라서 결과물이 달라진다는 말이었다. 궁하면 통한다, 간절하게 접근하면 어떻게든 일이 풀리게 돼 있다, 그러니 매사에 열심히 해야 한다, 뭐 그런 뜻으로 이해했다.

세상 모든 일이 비슷하겠지만 기자가 하는 일들은 특히 태도나 자세가 더 중요한 것 같다. 기자들은 남들이 잘 모르는 정보를 억지로 캐내야 할 때가 많다. 잘 모르는 분야의 기사를 써야 할 때는 아주 짧은 시간 안에 어마어마하게 많은 양의 취재와 공부를 해야 한다. 일면식도 없는 사람 연락처를 구하러 돌아다니는 일도 부지기수다. 무엇보다 매일매일 새로운 기사를 써내야 한다는 부담감도 크다.

'그냥 될 대로 되겠지'와 같은 마음이면 저런 일들을 제대로 해내기 어려울 것이다. 매사에 진중하게 최선을 다하는 기자들이 대체로 좋은 평가를 받는 것 같다. 때로는 결과물이 조금 미흡할지라도 말이다.

돌이켜 생각해보면 태도나 자세는 어렸을 때부터 형성되는 성향이나 습관인 것 같다. 학창 시절 그리 친하지도 멀지도 않던 친구가 하나 떠오른다. 고등학교 3학년 때 같은 반이었는데 공부를 참 열심히 하는 친구였다. 쉬는 시간, 점심시간에도 자기 자리에서 일어나는 법이 거의 없었다. 하루 종일 공부만 했다. 물론 반에서도, 전교에서도 1등자리를 놓치지 않았다.

필자도 열심히 공부한 편에 속하지만 그 정도는 아니었다. 수업 시간에 졸기도 하고 점심시간에는 운동장에 나가 뛰어놀았다. 그래서 궁금했다. 어떻게 그렇게 공부만 열심히 할 수 있는지 말이다. 필자의 질문에 그 친구는 아무렇지도 않다는 듯 답했다.

"꼭 성공하고 싶고 그러기 위해서는 남들보다 더 열심히 해야 된다고 생각했어. 그래서 하다 보니까 그냥 습관이 된 것 같아."

다른 친구들에게 들어보니 그 친구를 움직인 건 효심이었다. 그 친구는 외동아들이었고 언젠가 열심히 일하시는 부모님을 편하게 모셔야겠다는 마음이 컸다. 그래서 열심히 공부하는 게 효도하는 길이라는 생각을 했다고 한다. 결국 그 친구는 서울대학교에 진학했고 사법고시를 패스해 지금은 변호사로 일하고 있다. 반드시 성공하겠다는 간절한 마음이 지금의 그 친구를 만든 것이 아닐까 싶다.

사실 대부분의 일반적인 사람들은 어떻게 하면 일을 성공적으로 이끌 수 있는지, 그 방법은 대체로 알고 있다. 예를 들어 맨날 말로만 살 빼야지 하는 필자의 친한 친구도 살 빼는 방법은 잘 알고 있다. 적게 먹고 운동을 많이 하면 살이 안 빠질 리가 없다. 공부 잘하는 법 모르는 사람이 있을까? 교과서 열심히 읽고 이해가 안 되는 부분은 선생님들한테 물어서 이해하고, 반복해서 읽고 외우고 문제도 열심히 풀면 시험 성적은 오르게 돼 있는 것이다.

문제는 자세다. 열심히 해보겠다는 의지. 매번 다이어트에 실패하는 필자의 친구는 한 1주일은 운동도 열심히 하고 식단 관리도 잘 한다. 그러다가 유혹에 넘어간다. 하루쯤 쉬어도 되겠지 하는 마음이 금세 그를 사로잡는다. 그렇게 그 하루는 이틀이 되고 사흘이 된다. 다이어트를 해야겠다는 마음은 한 달쯤이 지나서야 다시 스멀스멀 생겨난다.

이렇게 장황하게 이런저런 이야기를 한 이유는 주식 투자 역시 자세가 중요하기 때문이다. 그간 만나 본 젊은 주식 부자들은 반드시 투자로 성공하겠다는 의지가 충만한 사람들이었다. 그들에게 투자는 선택이 아닌 필수였다. 그렇기에 직장에 다니면서도 하루에 서너 시간씩 투자 공부를 할 수 있는 것이다. 정보를 얻고, 연구하고, 실제 매매를 하면서 또 공부하는 과정들을 꾸준하게 해 나가고 있는 사람들이다.

다음은 한 30대 펀드 매니저의 말이다. 그가 운용하는 펀드는 2021년 한 해에만 30%가 넘는 수익률을 기록했다.

"투자라는 걸 너무 쉽게 접근하시는 분들이 많은 것 같아요. 노트북이나 핸드폰 하나 사려고 해도 검색해보고 뭐 살지 고민하고 그렇게 하잖아요. 그런데 유독 주식은 그냥 무슨 사이버 머니 쓰듯이 생각 없이 사시는 분들이 많아요. 저는 절대 그렇게 해서는 투자에 성공할 수 없다고 생각하고요.

진짜 내 집을 팔아서 투자한다. 그런 마음가짐을 가지고 해야 한다고 생각해요. 그렇게 하려면 공부 없이 투자할 수 없겠죠? 그런 맥락에서 저는 아무리 친한 사람이라도 종목을 추천해 주거나 그런 건 안 해요. 제가 확인할 수 있는 최고의 정보를 가지고 최선의 결정을 내리는 거긴 한데요, 오늘 생각과 내일 생각이

다를 수 있잖아요. 철저하게 분석을 했어도 내일 또 상황이 달라질 수 있는 거고. 이처럼 저는 주식 투자는 최대한 조심스럽게 접근하는 게 맞는다고 봐요."

이 펀드 매니저는 자신의 돈이 아닌 남의 돈을 운용하기 때문에 더 조심스럽게 접근할 수밖에 없다고 강조했다. 펀드에 담을 종목을 고를 때도 엄격한 기준을 충족하는 기업만 선택한다고 말했다. 변화하는 미래 환경에 적응할 능력이 있는 기업인지, 수익 구조가 튼튼한지, 예측하기 힘든 불황의 상황에서도 버텨낼 힘이 있는지 등을 두루 따진다. 이렇게 치열하게 고민하고 공부해도 손실을 볼 위험은 항상 존재한다는 것이 그의 설명이다.

주식은 하루아침에 0원이 될 수도 있다

초보 투자자들이 조금 더 진지한 자세로 투자에 임했으면 좋겠다. 10년, 20년씩 투자에 몰두해 온 사람들도 잠깐 실수하면 돌이킬 수 없는 손해를 보는 게 주식 시장이다. 코로나19 이후 유동성이 몰고 온 상승장에서 운 좋게 수익을 본 초보 투자자들은 언제든 쓴맛을 볼 수 있다. 항상 명심해야 한다. 순간의 실수가 돌이킬 수 없는 손해를 가져올 수 있다. 집 판 돈으로 투자를 한다는 마음으로 조심스럽게 접근했으면 좋겠다.

다음은 투자 관련 유튜브 채널을 운영하는 한 개인 투자자의 말이다. 그는 절대로 주식 투자를 쉽게 생각해서는 안 된다고 말한다. 주식은 언제나 큰 손해가 날 수 있는 위험자산이라는 것이다.

"제가 여러 투자자 분들을 만나 보고 느낀 게 주식의 위험성을 간과하시는 분들이 많다는 거예요. 가끔 투자 수익률과 은행 예금 수익률을 비교하면서 주식 안 하면 안 된다고 말하는 전문가들도 있어요. 그런데 예금은 원금이 보장되는 것이고, 주식은 하루아침에 다 날릴 수도 있는 거잖아요. 성격을 보면 비교 자체를 하면 안 되는 거죠.

코로나19 사태 이후로 주식 대충 투자해서 돈 번 사람들 많아요. 그냥 초보자들도 쉽게 수익을 낸 거죠. 그런데 금리 오르고 물가 오르고 시장은 계속 떨어지는 때가 되면 실력 밑천이 드러나게 돼 있거든요. 항상 그런 생각을 하셔야 해요. 강세장이 있으면 약세장이 있고 약세장이 있으면 강세장이 있는 거니까요.

투자라는 게 제가 열심히 공부하고 발품 팔아서 정보를 얻어도 투자자들의 수요가 없으면 주가가 안 올라요. 아무리 미래가 확실하다고 제가 확신을 해도 대중들이 팔면 떨어져요. 정말 어려운 겁니다."

진인사대천명盡人事待天命. 필자가 좋아하는 고사다. 사람이 할 수 있는 일을 다한 뒤 결과는 운명에 따른다는 뜻이다. 앞서 언급한 필자의 친구는 간절한 자세로 최선을 다해 노력한 덕에 자신의 목표를 달성할 수 있었을 것이다. 하지만 노력이 반드시 성공을 담보하는 것은 아니다. 모든 일에는 운도 따라줘야 한다.

한 가지 확실한 점은 성공한 사람들은 모두 다 진지한 자세로 노력을 했다는 것이다. 성공의 가능성을 높이려면 마음가짐부터 고쳐먹어야 한다. 주식 투자는 어렵고 위험하다. 누구나 쉽게 수익을 낼 수 없다. 열심히 공부하고, 고민해도 성공할까 말까다. 이런 점들을 투자 초보자들이 반드시 마음에 담아뒀으면 좋겠다.

02

도박과 투자의 차이점

한때 도박에 빠져 미친 듯이 돈 따는 법을 연구했던 사람이 있다. 직장에서 버는 월급 외에 한 달에 최소한 300만 원은 더 벌어야겠다는 욕심이 있었다. 당연하게도 도박으로 돈을 버는 일이 생각처럼 쉽게 될 리 없었다. 결국 그는 도박으로는 돈을 벌수 없다는 깨달음을 얻고 투자로 눈을 돌렸다. 오랜 노력 끝에 주식, 달러, 부동산 투자 등을 통해 경제적 자유를 얻었다.《투자의 신》,《나는 주식 대신 달러를 산다》라는 책을 쓴 박성현 작가(이하 P씨라고 칭함)의 이야기다.

필자가 그를 처음 만났을 때 그는 '도박과 투자의 차이점'이뭔지 아느냐고 물어왔다. 태어나서 한 번도 생각해본 적이 없는 문제였다. 행위와 결과 자체로만 놓고 보면 도박과 투자 사이에 별다른 차이점은 없는 것 같다는 생각이 들었다. 일단 돈을 투자해서 더 많은 돈을 벌 수도 있고 잃을 수도 있으니까. 운이 더 많이 작용하느냐 아니면 기술이나 실력이 더 많이 작용하느냐의 차이일까?

"제가 진짜 도박을 열심히 하면서 도박과 투자의 차이를 깨닫게 됐어요. 만약에 우리가 홀짝 게임을 한다고 해볼까요. 제가 홀에다가 100원을 걸었어요. 그러면 짝이 나오면 돈을 잃잖아요. 뭐 어떤 변명의 여지도 없죠. 그냥 딜러가 돈을 가져가 버리겠죠? 이걸 좀 어려운 말로 하면 손실의 확정 권한이 딜러한테 있다고 표현할 수 있어요. 그러니까 제가 아니라 카지노 측에 손실의 확정 권한이 있다는 거죠.

그런데 투자는 다르죠. 예를 들어서 제가 삼성전자를 10만 원에 샀는데 5만 원으로 떨어져요. 내가 홀에 걸었는데 짝이 나온 것처럼 잘못된 선택을 한 거죠. 그런데 투자의 경우에는 제가 잘못된 선택을 했어도 손실이 확정되지는 않아요. 그러니까 저가에 매수를 더 많이 한다든지 해서 평균 매수 단가를 낮추고 기다렸다가 상승기에 수익이 나면 실현을 할 수 있는 거죠. 투자는 손실의 확정 권한이 본인한테 있는 거예요.

제가 느낀 게 뭐냐면 손실 확정 권한을 제가 가지고 있으면 수익이 발생할 때까지 기다리거나 평균 매수 단가를 낮출 수도 있는 등의 선택지가 더 많아진다는 거예요. 도박과 비교해서 돈 잃을 확률을 어마어마하게 줄일 수가 있다는 말이죠. 그래서 제가 도박 공부를 그만두고 투자 공부를 하기 시작했어요."

얼핏 들으면 당연한 이야기지만 그 안에 심오한 뜻이 담겨 있었다. 필자는 주식 투자를 도박처럼 하는 사람들을 많이 봤다. 운에 맡기고 아무 종목이나 사는 사람들이 꽤 많다. 또 손실 구간에 진입했을 때는 깊이 공부나 생각을 해보지도 않고 일단 손절매를 하는 경우를 많이 봤다. 수익 구간에서도 별생각 없이 '이 정도면 많이 벌었지' 하고 수익 실현을 하는 경우가 있다. 모두 다 좋은 성과로 이어지기 어려운 습관들이다.

투자는 그렇게 간단한 것이 아니다. 능동적으로 연구하고 판단해서 결정을 내려야 한다. 적어도 투자하기로 마음을 먹었다면 도박과는 다르게 해야 한다. 도박과 투자의 차이점을 설명해준 P씨는 실제로 도박을 해본 경험을 통해 그런 교훈을 얻었다고 했다.

반드시 공부를 해야 투자 실력이 는다

P씨가 해준 이야기 중 또 한 가지 마음에 와닿는 부분이 있었다. 투자는 도박과 다르게 누구나 수익을 낼 가능성이 있으니 겁을 먹지 말라는 것이다. 그는 투자는 일단 '열심히 하다보면 실력이 는다'는 점을 잊어서는 안 된다고 강조했다. 어렵게 생각하지 말고 일단 해보자는 마인드가 중요하다는 설명이다.

"제가 자주 하는 말이 있어요. '하면 된다'는 말이 있잖아요. 그런데 저는 '하면 는다'는 말을 많이 하고 다녀요. 투자를 하다가 처음으로 돈을 잃은 사람들이 있어요. 그러면 그분들이 항상 저에게 '이거 뭐 운의 영역에 있는 거 아닌가요?'라고 물어봐요.

그런데 아니거든요. 제가 카지노에서 도박을 할 때도 공부를 하기 전과 후가 정말 달랐어요. 공부를 하기 전에는 잃기만 했어요. 단 한 번도 돈을 딴 적이 없었어요. 그런데 책도 보고 연구도 하고 나름의 시스템을 적용해서 도박을 하니까 조금씩 돈을 딸 때가 생기더라고요. 정말 운의 영역에 있다는 도박조차도 공부를 하니까 느는데, 주식 투자는 운이 도박보다 덜 작용할 거 아니에요?

그래서 투자 공부를 하기 시작한 게 제가 경제적 자유를 달성할 수 있었던 가장 중요한 기초가 됐어요. 여러분들한테 항상 당부하고 싶어요. 투자도 공부를 하면 늡니다. 노력을 게을리하지 마시고요. 또 아무나 다 할 수 있는 거니까요. 절대로 겁먹지 마세요."

자신감 있는 자세도 투자에 있어 매우 중요한 요소 중 하나다. 한때 인터넷상에서 '껄무새'라는 말이 유행했다(맞춤법상으로는 '걸무새'가 맞는다). 매번 "투자할 걸", "그 가격에 팔 걸" 하면서 후회만 하다가 투자를 그르치는 사람들을 조롱하는 신조어였다. '~할 걸'의 '걸'과 앵무새처럼 매번 같은 말만 한다는 '무새'의 합성어다.

실제로 필자 주변에도 매번 고민만 하다가 제대로 투자를 하지 못하는 사람들이 많다. 좋은 정보를 듣고 본인이 충분히 공부를 한 뒤에도 섣불리 매수를 하지 못하는 경우다. 또 고점을 지나 내리고 있는 주식을 팔지 못하고 후회만 하는 사람들이 있다. 문제는 이런 후회가 다음 결정을 내릴 때에도 부정적인 영향을 준다는 것이다. 악순환인 셈이다.

장기를 직접 두는 것과 옆에서 훈수를 두는 것은 차이가 매우 크다. 옆에서 보면 잘 보이는 수도 직접 두면 잘 보이지 않는다고들 한다. 주식 투자도 마찬가지다. 그냥 시장을 지켜보는 것과 실제 내 돈을 투자하는 것은 천양지차다.

필자가 처음 증권부에 발령을 받았을 때 빨리 주식 계좌를 만

들어 직접 투자를 해보라는 말을 많이 들었다. 그래야 투자자들의 절박한 마음을 이해할 수 있고, 그들이 원하는 것은 무엇인지 파악해 좋은 기사를 쓸 수 있다는 논리였다.

그래서 실제 꽤 큰돈을 들여 투자를 해보니 이것저것 신경 쓸 것이 정말 많았다. 스트레스도 많이 받았다. 한 가지 분명한 점은 계속 하다 보면 투자가 실제로 는다는 것이다. 같은 정보를 얻어도 이전보다 더 좋은 판단을 내릴 수 있게 된다. 특히 가끔 수익이 날 때는 무한한 자신감이 샘솟기도 했다.

일단 시작을 하고 부딪혀봐야 한다. 손실의 확정 권한을 본인이 가지고 있는 한 돈을 잃을 확률은 적어진다는 점, 투자는 하다 보면 늘게 돼 있다는 점을 잊지 말아야 한다. 그렇다고 생각 없이 무작정 뛰어들라는 말은 아니다. 신중하게 고민하되 비관하지 말라는 것이다. 모두 자신감을 가졌으면 좋겠다. 우리는 누구나 부자가 될 수 있다.

부지런한 대응이
실패를 부른다

필자는 평소에 화를 잘 내지 않는 편이다. 굳이 화가 나는 경우를 꼽자면 운전할 때 정도다. 교통법규를 위반하거나 위험하게 운전하는 사람을 보면 절로 욕이 나온다. 그 외에는 별로 화를 낼 일이 없다. 주식 투자를 할 때도 그렇다. 떨어지면 '음, 또 떨어졌군' 하는 식이다. 매번 잃기만 해서 무뎌진 것 같지는 않다. 그냥 성향이 그렇다.

그런데 유독 투자를 하면서 전전긍긍 죽는 소리만 하는 사람들이 있다. 보유하고 있는 주식이 1%만 떨어져도 호들갑이 시작된다. 이러다 내 돈 다 없어지는 것 아니냐며 지금이라도 팔아야 될 것 같다고 야단이다. 3%라도 떨어지는 날에는 세상이 무너진다. 과장을 좀 보탰지만 주위에 이런 분들을 분명 한 번씩은 봤을 것이다.

이렇게 조급한 사람들은 대개 투자 수익률이 좋지 못하다. 오히려 무던하고 마음의 여유가 넘치는 사람들이 더 좋은 성과를 낸다. 실제로 필자가 만나 본 젊은 주식 부자들이 대체로 그랬다. 투자에 성공을 하고 돈을 많이 벌어서 생긴 여유 같지는 않았다. 말투만 들어봐도 이 사람이 어떤 성향인지 대충 감이 오지 않나.

의외로 부지런함보다 게으름이 더 투자에 적합한 요건이 아닐까 하는 생각이 들었다. 게으르다는 말을 너무 부정적으로 생각하지 말자. 조금 게으르지만 할 일은 확실하게 해내는 사람들이 있다. 그런 사람들은 정해진 데드라인이 임박할 때까지 일을 미루기도 하지만 대체로 정해진 기간 내에는 일을 소화하려고 한다. 또 일을 두 번 하기 싫어하기 때문에 확실하게 끝내려 한다. 그렇기에 자신이 한 일에 대한 확신이 강하다. 젊은 주식 부자들 중 이런 성향을 가진 사람들이 많았다. 자기가 내린 결정에 대한 믿음을 가지고 끝까지 밀어붙이는 것이다.

해외 주식 투자로 큰 부를 얻은 30대 투자자의 이야기를 소개해보려 한다. 그는 아마존 등 해외 우량주에만 투자해 경제적 자유를 이뤘다. 직장에 들어가 별생각 없이 살다가 동료들이 주식 투자로 큰돈을 버는 것을 보고 투자에 관심을 갖기 시작했다고 한다. 그 뒤에 절약을 거듭해 종잣돈 수천만 원을 모아 투자를 시작했다. 투자를 시작한 지 8년여 만에 10억 원 가까이 자산을 불렸다.

그는 투자를 할 때 여유 있는 자세가 가장 중요하다고 강조한다. 주식 투자는 부지런하면 오히려 일을 그르칠 가능성이 높으니 조급함을 떨쳐내야 한다는 말이다.

"한국 사람들 성격 급하고 부지런한 건 유명하잖아요. 주식 투자도 그렇게 하시는 분들이 너무 많아요. 빨리 수익 보려고 막 부지런하게 이것도 하고 저것도 하고 그렇게 하는 거죠. 그런데 제 생각에 그런 성미는 투자가 아니라 사업에 어울리는 것 같아요.

왜냐하면 많은 주식 대가들이 말하듯이 시장은 제가 예측한 대로 움직이지를 않기 때문이에요. 한 가지 착각하는 게 사람들이 시장을 보면서 자꾸 해석하고 예측하려고 하거든요. 그러다가 자꾸 제 생각대로 안 되면 조급해지죠. 조급해지면 잘못된 선택을 하게 될 가능성이 높아지는데 그러면 안 돼요. 제아무리 똑똑하고 전문적인 지식을 갖춘 사람들도 완벽하게 시장을 예측할 수 없어요. 투자자들은 그 점을 인정해 버리고 여유 있게 대응하고 잘 판단하면 되는 거예요."

그는 시장을 바라보는 관점, 투자의 관점을 바꾸는 데에서부터 시작을 해야 한다고 말했다. 주식 투자는 장기적으로 부자가 될 수 있는 확실한 방법이라는 믿음만 가지고 있다면 누구든 부자가 될 수 있고, 불안하게 생각할 이유가 전혀 없다는 것이다. 실제로 필자가 만나 본 젊은 주식 부자들 중 70% 이상이 단기 트레이딩보다는 중장기적 관점을 가지고 투자에 임하는 사람들이었다.

장기 투자 vs 단기 투자

흔히 '단타'라고 말하는 단기 트레이딩은 꽤 많은 에너지가 드는 일이다. 장이 열려 있는 시간 동안 집중해야 하고 기술도 필요하다. 전문적인 식견이 없는 일반 투자자들이 쉽게 접근하기 어렵다. 그래서 주식 좀 한다 하는 사람들은 초보 투자자들에게 안정적으로 성장할 수 있는 종목을 발굴하는 눈을 기르고, 장기적인 관점으로 투자를 하라고 추천하고는 한다.

실제로 이를 뒷받침하는 연구 결과들이 있다. 세계 최대 자산운용사인 블랙록이 2021년 발간한 자료에 따르면 미국 S&P 500에 속한 종목에 한 달간 투자했을 때 수익이 날 확률은

62.9%, 손실을 볼 확률은 37.1%다. 1년으로 기간을 늘리면 수익이 날 확률은 75.8%로 늘어나고 손실을 볼 확률은 24.2%로 줄어든다. 5년간 투자하면 수익이 날 확률과 손실을 볼 확률이 각각 88.1%, 11.9%다. 10년간 장기 보유했다고 치면 손실을 볼 확률이 극도로 줄어든다. 수익이 날 확률은 94.9%, 손실을 볼 확률은 5.1%다. '중요한 건 타이밍이 아니라 투자 기간'이라는 투자 격언이 떠오른다.

전설적인 펀드 매니저 피터 린치의 마젤란 펀드는 1977년부터 1990년까지 단 한 번도 손해를 본 적이 없이 연평균 수익률 29.2%를 기록했다. 그러나 이 펀드에 투자해서 돈을 번 사람은 절반이 채 되지 않는다. 손실 구간일 때 손해가 더 커질 것을 두려워 한 투자자들이 성급하게 환매를 했기 때문이다. 이는 단타보다 장기 투자가 수익을 낼 확률을 훨씬 더 높여준다는 또 하나의 근거다.

조금 덜 부지런해도 되니 마음의 여유를 갖고 투자를 하는 습관을 들여야 한다. 더 빠르게 더 많은 수익을 내고 싶어 하는 욕심 때문에 마음의 여유가 없어지는 것 같다. 가만히 두면 알아서 오를 종목인데도 단기간의 등락에 불안한 감정을 주체하지 못하고 팔아버리는 투자자들을 너무 많이 봤다. 욕심과 감정을 최대한 배제하고 투자하는 편이 좋다.

필자는 평소 유튜브에서 포커 대회 보는 것을 좋아한다. 텍사스 홀덤이라는 종류를 즐겨 본다. 일단 참가자들이 각각 자신만 볼 수 있는 카드를 2장씩 나눠 갖는다. 이후 모두가 볼 수 있는 5장의 공유 카드와 조합해 가장 센 패를 들고 있는 사람이 이기는 방식이다. 마지막 공유 카드가 깔리기 전까지 이길 확률이 90%였던 참가자도 질 수 있다.

얼마 전 본 포커 영상에서 해설위원이 했던 말이 떠오른다. 이길 확률이 압도적으로 높던 한 참가자가 게임에서 지고 말았다. 그 뒤로 감정을 다스리지 못하고 계속해서 불합리한 베팅을 하면서 자멸하고 있었다. 그때 해설위원이 이렇게 말했다.

"자기가 아무리 좋은 패를 들고 있어도 질 수 있는 게 포커입니다. 그 점을 담담하게 인정할 줄 아는 사람이 포커를 잘 치는 사람입니다."

이 말을 듣고 불현듯 주식 투자가 떠올랐다. 아무리 좋은 종목이라고 확신을 하고 투자를 결정했다고 해도 떨어질 수 있는 것이 주식 투자다. 시장은 절대 내가 예측한 대로 움직여주지 않는다. 그러니 부디 마음의 여유를 갖고 투자했으면 좋겠다. 버티면 승리한다.

다음은 앞에서 언급했던 30대 투자자에게 마지막 조언을 해달라고 부탁하자 돌아온 답이다.

"흔히 내가 사면 떨어지고 내가 팔면 오른다. 이런 말 많이 하잖아요. 그런데 그게 진짜 그래요. 그러니까 마음 편하게 보유할 수 있는 종목 신중하게 고르시고 마음의 여유를 가지셨으면 좋겠어요. 꼭 부지런하지 않아도 성공할 수 있습니다."

'단기 보유'해서 수익이 나거나 손해를 본 종목과 '장기 보유'해서 수익이 나거나 손해를 본 종목을 생각나는 대로 모두 적어보자. 앞으로의 투자 방식을 정하는 데 도움을 줄 것이다.

no.	단기 보유 수익 종목	투자기간 및 수익률	이유
1			
2			
3			

no.	단기 보유 손해 종목	투자기간 및 수익률	이유
1			
2			
3			

no.	장기 보유 수익 종목	투자기간 및 수익률	이유
1			
2			
3			

no.	장기 보유 손해 종목	투자기간 및 수익률	이유
1			
2			
3			

주식을 '파는 것'이 아닌
'모은다'는 관점

코로나19 사태 이후 주식 시장에 관심을 갖는 사람들이 늘어나면서 여러 가지 유행어가 많이 생겨났다. 그중 하나가 바로 '야수의 심장'이다. 폭락하는 종목을 사들인다든가, 지수가 하락하면 돈을 버는 파생상품에 투자한다든가 하는 공격적인 투자 성향을 지닌 사람들을 지칭하는 말이다. '하이 리턴high return'을 위해 '하이 리스크high risk'를 기꺼이 감수하는 것이다.

결과론적인 이야기일 수 있지만 주식 투자로 큰돈을 번 사람들은 대체로 한두 번쯤 과감한 선택을 한 경험이 있었다. 물론 초보자가 그렇게 과감한 결단을 내리는 것은 어려운 일이다. 하지만 오랜 기간 공부를 하고 투자 경험도 많이 쌓은 사람들은 확신이 들 때 통 큰 결정을 내리고는 한다.

1장 01 '자본주의 세상에는 2가지의 길이 있다'에서 언급했던 H씨의 일화를 소개하려 한다. 그는 코로나19 사태가 터진 이후 회사에 다니면서 번 돈에 마이너스 통장, 신용대출을 더해 총 3억 원으로 주식 투자를 해 10배 가까운 수익을 냈다. 다시는 오지 않을 기회라는 생각에 무리를 했다고 한다.

"2018년부터 투자를 시작했고 사실 수익률이 그렇게 좋지는 않았어요. 잘 몰랐던 기업들도 많이 매수했었고 그냥 막 투자를 한 거죠. 단기적인 투자를 많이 했었고요. 그러다가 제가 공부를 시작하면서 좀 투자 실력이 는 것 같아요.

2018년에 입사를 했는데 그때가 막 비트코인이 폭락을 하고 있을 때였어요. 그때 돈을 잃은 사람들이 많았는데 저는 오히려 그런 폭락을 하고 나니까 흥미가 생기더라고요. 공부를 한 번 해봐야겠다는 생각이 들었어요. 그래서 책도 많이 보고, 제가 또 개발자이기 때문에 이것저것 많이 찾아보고 공부를 많이 했죠.

공부하고 나니까 진짜 비트코인이 미래라는 생각이 들더라고요. 그래서 폭락하는 중에 조금씩 매입을 시작했어요. 그러면서 해외주식 공부도 시작을 해서 테슬라나 아마존, 구글 같은 종목들을 조금씩 사면서 수익률이 좋아지기 시작했거든요. 2019년에 제 투자금이 6000만 원 정도였는데 1억 3000만 원까지 늘어난 것 같아요.

그리고 이제 코로나19 폭락을 만나게 된 거죠. 그래서 1억 3000만 원 하고 마이너스 통장에 신용대출까지 해서 도합 3억 원을 만들었어요. 그 이전까지는 제가 레버리지를 쓴 적이 없었거든요. 그런데 그때는 이게 한 10년에 한 번 오는 기회라고 확신했기 때문에 과감하게 빚을 낸 거죠.

당시에 코스피지수가 2000포인트를 뚫고 1450포인트까지 내려갔어요. 그래서 1900포인트 밑으로 가면 5% 사고, 1800포인트 밑으로 가면 10% 사고 이런 식으로 분산을 해서 점점 늘려가면서 매수했어요. 빚을 내서 투자를 하다 보니까 그렇게 해야 안전하다고 나름 생각을 한 거죠.

그래서 최대한 안정적인 주식을 사려고 했어요. 금융주들을 많이 샀고 현대차나 삼성전자 같은 우량주들을 매수했거든요. 그랬더니 2~3주 만에 30%, 40% 수익이 그냥 나더라고요. 그래서 한 50% 정도 수익 났을 때 이 정도면 됐다고 생각하고 다 팔고 다시 비트코인이랑 해외 주식을 또 공격적으로 매수하기 시작했어요."

그는 결과적으로 30억 원까지 자산을 불렸다. 바람직한 레버리지 사용의 예라고 볼 수 있다. 물론 중간에 빚은 모두 상환했다. 자신의 인생에서 무리하게 빚을 내 투자한 경험은 저 때가 유일했다고 한다. 그렇다고 남들에게도 이런 투자 방식을 무조건 추천하는 것은 아니다.

"투자도 여러 가지 목적이 있잖아요. 지키는 게 우선인 분들이 있고, 안정적으로 버는 걸 선호하시는 분들이 있고, 크게 벌고 싶은 분들이 있고 그렇죠. 그래서 지키는 게 우선이면 분산투자하시면 돼요. 예를 들어서 10개를 분산해서 사면 하나가 반 토막 나더라도 타격이 덜하죠.

그런데 돈을 벌기 위해서는 집중을 해야 되는 게 맞아요. 분산을 10개 해놓고 10배를 벌려면 10개가 다 10배 올라야 되잖아요. 그러니까 뭔가 확신이 있고, 진짜 미래가 밝을 것 같고, 아직 남들은 잘 모르는 것 같다. 이런 종목이 있으면 저는 집중 투자를 하는 게 맞다고 봐요.

그런데 이제 당연히 그런 확신이 없다면 빚을 내서 투자하는 건 위험하죠. 저는 코로나19 폭락이 진짜 2008년 금융 위기 이후로 10년여 만에 한 번 오는 기회라는 확신이 있었기 때문에 했던 거고요. 그 전까지는 생각해 본 적도 없는 투자 방법이에요. 그래서 투자를 시작하시는 분들이 빚부터 내야겠다 이렇게 생각하시지는 않았으면 좋겠어요."

통상 레버리지를 쓴다, 빚을 내서 투자를 한다는 것은 부정적으로 받아들여진다. 특히 연령층이 높을수록 더 그렇다. 필자의 어머니는 아직도 빚내는 것을 무서워하신다. 빚도 능력이라고, 은행에서 아무에게나 돈을 빌려주지 않는다고 말씀드려도 무조건적으로 거부하신다. 막연한 불안감이 큰 탓이라고 생각한다.

그러나 투자의 세계에서 레버리지는 사실 나쁜 것이 아니다. 대출 이자보다 높은 수익을 낼 수만 있다면 빚을 내지 않을 이유가 없다. 위험하다는 것은 다시 말해 그만큼 수익의 기회가 크다는 뜻이기도 하다. 큰돈을 벌기 위해서는 생각 자체를 바꿔야 한다. 다음은 빚을 내 투자했을 때 걱정이 되지 않았느냐고 묻자 돌아온 답이다.

"오히려 기분이 좋았죠. 많은 분들이 투자를 소비와 다른 방식으로 접근하시는 것 같아요. 사람들이 옷을 살 때나 먹을 것을 살 때 나중에 팔려고 사지 않아요. 내가 쓰려고, 먹으려고 사는 거죠.

그런데 주식은 살 때부터 나중에 팔 생각을 하고 사세요. 이렇게 생각해볼게요. 옷이나 물건을 나중에 중고로 팔 생각을 하고 산다면 가격 떨어지는 것에 민감할 수밖에 없겠죠. 그런데 그냥 이걸 사서 내가 쓴다, 모은다 생각하면 그냥 내 것이 되는 거잖아요. 팔 생각을 하지 않는 거예요.

그러니까 주식도 그냥 모으려고 생각을 하면 오히려 가격이 떨어지면 떨어질수록 저는 좋은 거라고 생각을 하거든요. 백화점은 30% 세일하면 좋아하면서 주식은 30% 세일을 할 때 싫어할 이유가 없는 거죠. 너무 일찍부터 매도인의 입장에서 매수를 하기 때문에 불안한 것 같아요."

이 말을 듣고 곰곰이 생각해봤다. 보통 평범한 사람이라면 저렇게 생각하기가 쉽지 않을 것이다. 보유하고 있는 주식이 떨어질 때 오히려 기분이 좋을 수 없다. 이런 사고를 가능하게 하는 것은 확신인 것 같다. 반드시 오를 것이라는 확신. 그리고 그 확신은 경험과 연구를 통해 만들어진다.

마지막으로 워런 버핏의 명언을 하나 소개한다.

"사람들이 욕심을 낼 때는 겁을 내고, 사람들이 겁을 낼 때는 욕심을 내야 한다."

모두가 공포에 빠져 있을 때가 과감한 투자를 해야 할 기회라는 뜻이다. 세상 모든 일이 그렇듯 열심히 공부하고 준비하다 보면 기회가 올 것이다. 그 기회를 놓치지 말았으면 좋겠다. 안정적인 수익보다 더 큰 수익을 바란다면 과감해져야 한다. 명심하자. 하이 리스크 하이 리턴이다.

손해만 보는
개인 투자자들의 공통점 4가지

개인 투자자들의 평균 수익률은 시장 평균 수익률에 미치지 못한다는 것이 통설이다. 6개월간 코스피, 코스닥 지수가 각각 10%씩 올랐다고 쳐도 10% 수익을 보지 못하거나 손해를 보는 개인 투자자들이 훨씬 더 많다는 뜻이다.

투자를 할 때 개인의 감정, 경험, 선호와 같은 것들이 작용을 해서 비합리적 의사 결정을 유발하기 때문이라고 한다. 다시 말하면 투자를 할 때는 최대한 감정이나 경험 같은 요인들을 배제해야 좋은 성과를 기대해볼 수 있다는 것이다.

이와 관련해 연구한 보고서 내용을 잠시 소개해보고자 한다. 2022년 2월 자본시장연구원의 김민기 연구위원, 김준석 선임연구위원이 발간한 〈국내 개인 투자자의 행태적 편의와 거래행태〉라는 보고서다.

이 보고서에는 개인 투자자들의 대표적 행태적 편의, 즉 자주 보이는 거래 경향 4가지를 설명하고 있다. 특히 그와 같은 경향성이 실제 투자 성과에 어떤 영향을 미치는지도 연구돼 있다. 이 글을 보고 '맞아, 나도 그런데?'라는 마음이 들면 안 된다. 앞으로는 그렇게 투자하지 말라는 차원에서 설명하는 것이다.

1. 과잉 확신

주식 시장이 전반적으로 상승할 때가 있다. 2020년 중후반부터 2021년 초중반이 그랬다. 코로나19 사태로 붕괴했던 시장이 점진적으로 제자리를 찾아갈 때였다. 이렇게 전반적인 상승이 일어날 때는 당연히 개별 종목들도 상승하게 되는데, 이때 일부 개인 투자자들은 자신들의 투자 능력이나 보유 정보가 우월하기 때문에 주가가 오른다고 착각을 하게 된다.

그러면 과도한 자신감이 생기고 이것저것 많이 사고팔게 되는 성향을 보이게 된다. 특히 신규 투자자, 젊은 투자자, 남성 투자자일수록 이 같은 과잉 확신이 강해 거래 빈도가 높은 것으로 파악됐다.

과잉 확신이 강하면 강할수록 투자 성과는 좋지 못한 것으로 나타났다. 상대적으로 거래를 자주 하는 투자자들은 매도 후 수익률이 매수 후 수익률보다 높은 것으로 나타났다. 종목을 팔고 나서 더 많이 올랐다는 뜻이다. 또 과잉 확신이 강한 투자자들은 전체 투자자 평균에 비해서도 수익률이 한참 더 낮았다.

2. 처분 효과

매수 가격보다 상승한 주식은 매도해 이익을 실현하고, 매수 가격보다 떨어진 주식은 매도를 미루고 보유하는 현상을 처분 효과라고 한다. 쉽게 말해 떨어진 주식은 버티고, 조금 오른 주식은 얼른 팔아버린다는 것이다.

대부분의 투자자가 이 같은 패턴을 보일 것으로 추정된다. 이와 관련한 한 유명한 연구가 있다. 1990년대 초반 미국 시장에 투자하는 개인 1만 명을 대상으로 연구한 결과다. 특정 기간을 정해 두고 매수 가격보다 올라서 매도한 비율을 살펴보니 14.8%라는 수치가 나왔다. 매수 가격보다 떨어져 매도한 비율은 9.8%에 불과했다. 이 이후로도 유사한 연구들이 많이 진행됐는데 한 번도 상승을 해서 매도한 비율보다 하락을 해서 매도한 비율이 높았던 적이 없었다고 한다.

이는 부동산 시장에서도 관찰되는 효과다. 전 세계적으로 사람 마음은 다 비슷한가 보다.

투자 경험이나 역량이 부족할수록 이 같은 경향이 뚜렷해진다. 심리적인 요인 탓이다. 손실을 실현하지 않음으로써 자신이 내린 의사 결정의 실수를 인정하는 데 따르는 불편함을 피하는 것이다. 반대로 사람들은 이익을 실현함으로써 만족감을 얻는다.

이 같은 행태 역시 투자 성과에 매우 부정적인 영향을 미친다. 이익이 나면 팔고 손해가 나면 잘 팔지 않는 성향이 강하면 강할수록 수익률은 낮은 것으로 조사됐다. 어떻게 보면 아주 당연한 통계다. 손실을 조기에 실현하는 것과 손실이 누적된 이후 실현하는 것은 장기적 수익률에서 큰 차이를 야기한다.

3. 복권형 주식 선호

통상 수익률 변동성이 크고 가격대가 낮은 주식을 복권형 주식이라고 칭한다. 많은 투자자들이 이런 주식을 선호한다고 한다. 사람들은 한 번에 큰돈을 벌고 싶어 하는 심리가 있기 때문이다. 실제로 미국에서 복권 당첨자가 나오지 않아 이월된 당첨금이 커지면 커질수록 돈이 그쪽으로 몰려 주식 거래량이 감소한다는 연구 결과가 있다.

복권형 주식을 아주 선호하는 투자자들부터 전혀 그렇지 않은 투자자들까지 선호도에 따라 다섯 그룹을 만들고 그들의 투자 성과를 분석해 본 결과, 복권형 주식 보유 비중이 높은 사람들일수록 투자 성과가 저조한 것으로 나타났다. 20~30대, 1000만 원 이하 소액 투자자들 중 복권형 주식을 많이 보유하고 있는 투자자들의 수익률이 특히 좋지 않은 것으로 파악됐다.

4. 단기 군집거래

이는 다수의 투자자들이 일정 기간 동안 같은 방향으로 매매하는 행태를 뜻한다. 무슨 일이 생기면 "이게 좋대" 하면서 우르르 몰려가 같이 매수하는 등의 모양새다. 실제 포털 사이트 검색량이 높은 주식일수록 이런 성향이 뚜렷하게 관찰된다.

소문 때문에 뇌동매매하는 경우를 생각하면 이해가 쉽다. 당연히 이는 객관적 정보에 기반한 합리적 의사 결정이 아니기 때문에 투자 성과에 부정적인 영향을 미친다. 초보자일수록, 젊을수록 이 같은 경향이 더 많이 나타나는 것으로 조사됐다.

이렇게 4가지 행태만 피해서 투자를 하더라도 평균 이상의 성과를 낼 수 있을 것이다. 믿지 못하겠다는 사람들이 있을 수 있어 실제 통계를 하나 찾아왔다. 과잉 확신과 잦은 거래가 투자 성과에 어떤 영향을 미치는지 보여주는 자료다.

한 대형 증권사의 2021년 한 해 연령별 고객계좌 수익률을 보면 10대의 국내 주식 수익률이 3.18%로 전 연령 중 1위였다. 2위는 60대 이상으로 국내 주식 수익률이 0.91%였다. 반면 20대의 국내 주식 수익률이 0.21%로 최하위였고, 30대의 국내 주식 수익률도 0.25%에 불과했다. 전 연령 평균 수익률은 0.43%다.

주목할 점은 10대와 60대 이상에 비해 20대, 30대의 회전율이 매우 높게 나타났다는 것이다. 20대 남성의 회전율은 6000%가 넘는 것으로 파악됐는데, 만약 계좌 잔고가 100만 원이라고 치면 6000만 원어치 이상의 매매를 했다는 뜻이다.

일반적으로 10대의 주식 계좌는 증여 등을 이유로 부모가 운용하는 경우가 많다. 대체로 삼성전자 같은 우량주를 매수한 뒤 매매를 자주 하지 않고 장기 보유한다. 60대 이상의 경우에도 안정적으로 배당주 같은 종목을 장기 보유하는 경우가 잦다. 반면 일반적인 20대 남성은 단기 투자를 많이 한다.

투자 성과는 앞서 언급한 대로다. 그러니 제발 자신의 능력을 믿기보다는 의심을 더 많이 하시길, 이것저것 많이 사고팔지 마시길, 이익이 나면 바로 팔기보다는 장기적인 관점에서 생각해 보시길, 손절은 제때제때 하시길, 투자를 복권 사듯 하지 말고 소신 있게 하시길 바란다.

06

주식 투자에
하루 몇 시간을 써야 할까?

2020년 여름, 길을 걷다 우연히 대학교 때 알고 지내던 친구를 만났다. 여의도 한국거래소 기자실로 출퇴근을 할 때였다. 오랜만에 만난 그 친구는 여의도에 있는 회사에 다닌다고 했다. 서로 안부를 주고받고 점심 약속을 잡았다.

며칠 뒤 만난 그 친구는 필자가 증권부 출입이라는 이야기를 듣고는 눈이 반짝거렸다. 좋은 정보 좀 달라고 말하면서 자신이 요새 주식으로 돈을 꽤 벌고 있다고 자랑했다. 어떤 종목을 사서 그렇게 돈을 벌었느냐 물으니 이런 대답이 돌아왔다.

"출근하면 9시 30분쯤 HTS에서 상승률 높은 종목들을 쫙 훑어봐. 한 8~12% 오르는 종목들 중에서 거래량 많은 거 서너 개

골라서 100만 원어치씩 그냥 사는 거야. 그리고 한 5% 오르면 무조건 파는 거야. 마이너스로 가도 무조건 손절해. 이렇게 해서 1주일에 몇 십만 원씩은 벌고 있다니까?"

'뭐 하는 회사들인지도 모르고 그냥 산다는 거냐'고 물으니 '그렇다'는 답이 돌아왔다.

"아 그래?"라는 말 외에는 따로 할 말이 없었다. 친구의 말은 쉴 틈 없이 이어졌다.

"그냥 상승률이랑 거래량만 보고 사는 건데 체감상 3개 사면 2개는 무조건 수익이 나더라니까. 손해 보더라도 마이너스로 가면 바로 파니까 그렇게 큰 손실이 안 나. 계속 이렇게 하다 보면 나 진짜 부자 될 거 같지 않냐? 한번은 10시에 10% 오르던 제약사를 샀는데 30분 만에 20%까지 올라서 바로 팔아버렸다니까?"

말할 것도 없이 형편없는 투자 방법이다. 설사 며칠은 수익이 난다고 할지라도 꾸준히 그런 수익을 유지하기 어렵다. 당시에는 유례없는 양적 완화로 인해 주식시장에 많은 돈이 몰려 있었다. 이상과열 현상이라고 평가될 정도였다. 이 같은 투자법으로 수익이 난 것은 매우 특이한 일이다.

하루라는 짧은 시간 내의 주가 상승과 하락을 예측하는 것은 불가능에 가깝다. 오히려 장기적 추세 예측이 더 쉬운 영역이다. 증시 전문가들은 단타 매매로 수익을 낼 수는 있지만 3개월 이상 그런 수익률을 유지하기는 어렵다고 강조한다. 주식 시장을 조금이라도 아는 사람이면 단타 매매의 위험성은 더 이상 설명하지 않아도 잘 알 것이라고 믿는다.

필자는 그 친구에게 꽤 강한 어조로 이야기를 해줬다. 그렇게 투자하다가는 큰 손해를 볼 수도 있다고, 너무 위험하다고, 지금 네가 하고 있는 것은 투자가 아니라 도박이라고. 그래도 친구는 자신의 뜻을 굽히지 않았다.

"왜 그래, 돈만 벌면 됐지. 뭐 하는 회사인지 아는 게 그렇게 중요해?"

친구와는 종종 연락하면서 지냈다. 연락할 때마다 본인의 투자 결과를 공유해줬다. 수익이 날 때도 있었고 손해를 볼 때도 있었다. 필자의 느낌에는 점점 손해나는 날이 많아지는 것 같았다. 그러던 어느 날 친구는 갑자기 자기가 아는 친구들과 함께 리딩방에 가입해보지 않겠느냐고 권유했다. 한 달에 50만 원을 내면 매일같이 오를 종목을 알려준다고 했다. 무료로 몇 개 종목을 미리 받아봤는데 꽤 많이 올랐다면서 5명이 모여 10만 원씩 내고 추천 종목을 받아보자는 것이었다.

필자는 완곡히 거절했지만 친구는 결국 리딩방에 가입해서 추천 종목을 받기로 했다. 결과는? 뻔했다. 리딩방에서 코로나19 치료제 임상시험 결과가 좋다는 내부 정보가 있다면서 한 제약사를 추천했다. 친구는 그 말을 믿고 1000만 원이 넘는 돈을 투자했다. 하지만 주가는 오르지 않고 계속해서 떨어지기만 했다. 물론 중간중간 리딩방 추천 종목으로 수익을 낼 때도 있었다. 그런데 그 제약사에서 난 손해가 다른 수익으로 메워지지 않았다.

결국 친구는 3개월 만에 몇 백만 원 손해를 보고 단타 매매를 그만뒀다. 친구는 필자에게 이렇게 말했다.

"너 말 들을 걸. 삶이 엉망이 됐어. 회사 일도 제대로 못하고, 스트레스만 받고. 내가 무슨 전업 투자자도 아닌데 말이야."

매매하는 시간을 줄이고 공부하는 시간은 늘려라

초보 투자자들의 가장 큰 고민거리 중 하나인 시간 관리에 대해 설명하기 위해 친구 이야기를 꺼냈다. 사실 초보 투자자들 대부분은 다른 직업이 있고 부업으로 주식 투자를 하는 경우가 많다. 그때 가장 고민되는 게 투자에 얼마나 많은 시간을 쏟아야 하는지다. 필자의 친구처럼 업무 시간에도 수시로 매매를 하는 투자자들이 꽤 많다.

그래서 젊은 주식 부자들을 만날 때마다 그와 관련한 질문을 해봤다. 직장에 다니는 초보 투자자들은 얼마나 투자에 시간을 쏟아야 하냐고. 자신들은 '매매를 그렇게 자주 하지는 않는다'는 답이 가장 많았다. 오히려 기사를 읽고, 정보를 찾아보고, 연구하고 생각하는 시간이 더 길다는 것이다. '한두 달에 매매를 한 번 할까 말까 한다'는 부자들도 있었다.

물론 장이 열리는 시간 내내 차트를 들여다보고 시세와 흐름을 보면서 수익을 내는 전업 투자자들도 있다. 그런데 그건 초보 투자자들이 범접하기 어려운 영역이다. 충분히 경험이 쌓이고 자신감이 생긴 뒤에 도전해 봐도 늦지 않는다. 그 전까지는 중장기적인 투자로 안정적인 수익을 노려보는 것이 훨씬 더 낫다.

앞서 일정을 활용한 투자법이나 공모주, 배당주를 추천한 것도 이 같은 이유 때문이다. 초보나 직장인 투자자들도 비교적 쉽게 따라 할 수 있으니까. 매매하는 시간은 줄이고 공부하는 시간을 늘리면 수익이 따라올 수 있다. 세상 돌아가는 흐름을 살피면서 투자 아이디어를 정립해가는 것이다. 이렇게만 투자를 해서 부자가 된 사람들이 부지기수다.

마지막으로 여러 투자 고수들의 이야기를 소개한다. 직장에 다니면서 투자를 시작한 초보자들이 시간 관리는 어떻게 해야 하냐고 묻자 돌아온 답들이다.

"자기가 친숙한 분야부터 시작을 해보는 게 어떨까 싶어요. 그러면 공부하는 시간을 줄일 수가 있겠죠. 자기가 다니는 기업이 속한 산업군을 먼저 공부해 보는 겁니다. 그럼 하루에 30분, 1시간이면 충분해요. 매매하는 데 집중하지 말고 이런 공부부터 시작하는 게 좋습니다. 출퇴근 시간이나 퇴근하고 나서 잠깐 짬을 내서 공부하는 것 정도면 충분할 것 같습니다."

"저는 성과가 잘 나서 지금은 전업 투자자가 됐는데요, 사실 전업 투자라는 게 굉장히 지루해요. 한 달에 매수나 매도를 한두 번 정도 하고, 미래에 괜찮을 것들을 조금씩 모아가는 방식으로 투자를 하고 있거든요. 막 다이내믹하게 포트폴리오를 바꾸거나 그러지 않아요. 시간 관리를 부담스럽게 생각하실 필요가 없을 것 같아요. 할 수 있는 범위 내에서 여유 있게 공부하고 투자하면 될 것 같습니다."

"저는 투자에 시간을 많이 쓰는 것 같아요. 그런데 실제 매매에 시간을 쓰는 건 아니고요. 투자할 때 산업군이나 중소형주 이런 구분을 해서 보지는 않고 오히려 투자 기회의 속성을 유심히 따져봅니다.

예를 들어서 이 가격이면 어지간해서는 손해를 보지 않겠구나. 이런 기업들을 찾으려고 시간을 많이 써요. 그러면서 수익률을 높이려고 집중적으로 투자를 하는 편이죠. 그렇게 비중을 많이 실었을 때 생기는 변동성이나 위험은 장기간 보유하는 것으로 극복을 하거든요. 그러니까 시간을 많이 확보해서 공부를

하는 게 중요하다고 보고, 실제 장 열리는 시간에 최대한 많이

매매를 한다? 이런 건 크게 의미가 없다고 봅니다."

투자와 관련해서 쓴 시간을 적어 보자. 매매도 좋고 공부도 좋다. 하루에 얼마나 많은 시간을 투자에 할애하는지 정리해보면 앞으로 계획을 세우는 데 도움이 된다.

no.	날짜	할애 시간	내용
1			
2			
3			
4			
5			

주식 고수들이 위기 때마다
공통적으로 하는 말

한때 '존버는 승리한다'는 말이 유행했던 적이 있다. '매우, 너무' 등을 뜻하는 비속어와 '버틴다'는 말의 합성어인데 지금까지도 심심찮게 쓰인다. 특히 비트코인 등 가상자산(암호화폐) 투자자들이 이 말을 많이 썼다. 워낙 가격 변동성이 심해 순식간에 큰 손해를 보기도 하니, 꾸준히 버티다 보면 언젠가 또 수익이 나는 구간이 찾아온다는 속뜻이 있다.

이는 주식 투자에도 어느 정도 적용되는 말이다. 손해가 찾아왔을 때 심리적으로 버티지 못하고 불안해지면 그릇된 선택을 하게 된다. 호미로 막을 것을 가래로 막는 일이 발생할 수 있다. 실제로 떨어지는 주식을 더 많이 매수하거나, 눈물의 손절을 하고 나니 귀신같이 주가가 오르는 경험을 해 본 투자자들이 많을 것이다. '주식 시장은 인내심 없는 사람의 돈이 인내심 있는 사람에게 흘러가는 곳'이라는 명언이 있을 정도다.

개인 투자자들은, 특히 초보일수록 마음이 쉽게 흔들린다. 떨어진 주가가 다시는 회복하지 못할 것 같은 불안감이 매일같이 엄습한다. 투자 경력이 꽤 되는 필자도 마찬가지다. 여전히 어떤 종목을 매수하면 수시로 호가를 확인한다. 미국 주식을 사도 마찬가지다. 매일 밤 휴대폰 앱을 열어 흐름을 확인한다. 아침에 일어나면 보유하고 있는 미국 종목이 간밤에 떨어졌는지 올랐는지부터 확인한다. 떨어진 것을 확인하면 출근할 때까지 기분이 썩 좋지가 않다.

멘탈 관리를 잘 해야 주식 투자를 잘 할 수 있다는 것을 모르는 사람은 없을 것이다. 그런데 어떻게 하면 멘탈을 잘 관리할 수 있는지 그 방법을 정확히 아는 사람은 흔치 않다. 그래서 젊은 주식 부자들을 만날 때마다 물었다. 어떻게 하면 멘탈을 잘 관리할 수 있을지 말이다. 절반 정도에게서 이런 대답이 돌아왔다.

"역사를 보세요."

어차피 시간이 지나면 오를 주식은 오른다. 괜찮은 종목을 골랐다는 가정하에 단기간의 오르내리는 흐름에 크게 신경을 쓸 필요가 없다는 설명이다.

멘탈과 관련해서는 소개할 만한 말들이 특히나 더 많다. 그래도 한 가지 고르자면 젊은 주식 부자들보다 투자 경험이 훨씬 더 긴 분의 경험과 지혜가 더 좋을 것이라고 생각한다. 다음은 30여 년 경력이 있는 투자전문가에게 멘탈 관리법에 대해 묻자 돌아온 답이다.

"도박과 투자의 차이가 뭔지 아세요. 내가 알 수 없는 것을 맞히는 게 도박이에요. 그런데 투자는 다르죠. 예측이 가능하잖아요. 이 회사가 돈을 계속 잘 벌고 있으니까 내가 투자를 하는 거고. 꾸준히 투자하면 계속 이자가 붙듯이 복리 효과가 일어나잖아요. 부자가 되는 길이 열리는 거죠.

역사적으로 주식 시장은 등락을 거듭하지만 펀더멘털(기초체력)이 좋은 회사는 올라가게 돼 있죠. 그게 자본주의의 기본이잖아요. 실제 수십 년 되는 주식 시장 차트를 찾아보세요. 단기간 등락은 있지만 장기로 보면 우상향하거든요. 그러니까 우량한 주식에 장기적으로 투자하면 실패할 가능성이 굉장히 낮아지는 거죠.

그러니까 큰 손해를 봤다고 마음 쓸 필요가 없는 거예요. 그건 그냥 숫자에 불과한 거고 우리는 (투자를) 내일도 할 거고 모레도 할 거잖아요. 그러니까 지금 전 재산이 1000만 원이면 1000만 원에서 한 번 실패해 봐야 뭐 몇 백만 원 잃는 거잖아요. 그런데 주식 투자 꾸준하게 하다 보면 1000만 원이 1억 원이 되고 10억 원이 되는 거예요. 그런 과정 중에 하나니까 마음을 쓸 필요가 없다는 거죠."

대부분의 주식 부자들이 비슷한 말들을 한다. 역사를 보라고. 주식 시장은 꾸준히 성장해 왔다고. 투자자인 우리가 할 일은 오래도록 살아남을 회사의 주식을 사서 기다리는 것이라고. 그러기 위해 오래도록 살아남을 회사를 알아보는 눈을 길러야 한다고.

그래서 실제로 필자가 미국 500개 대형기업 주식을 포함하고 있는 S&P 500지수를 분석해봤다. 1950년부터 2020년까지 70년간의 데이터를 기초로 상승률 등을 따져봤다. S&P 500은 미국 주식 시장을 대표하는 지수 중 하나다.

먼저 70년간 가장 크게 하락했을 때를 찾아봤다. 내가 매수했을 때가 고점일 수 있기 때문이다. 한 마디로 최악의 상황을 가정해 본 것이다. 2008년 서브프라임 모기지 사태에서 불거진 글로벌 금융위기 때 S&P 500지수가 가장 많이 떨어졌다. 2007년 10월부터 2009년 3월까지의 하락률은 57%나 된다. 이 60%에 가까운 폭락이 제자리로 돌아오기까지는 약 4년이 걸렸다.

다음으로 가장 긴 복구 기간을 찾아봤다. 고점을 기록한 지수가 하락한 이후 언제 다시 그 고점을 돌파하는지를 따져 본 것이다. 70년간 자료를 살펴보면 1973년부터 1980년간의 회복이 가장 길었던 것을 쉽게 파악할 수 있다. 1970년대 초반 중동에서의 전쟁으로 유가 폭등 현상인 오일 쇼크가 일어났고 이 때문에 세계적인 경제 침체가 이어졌다. 이 침체는 7년이 지난 뒤에야 회복이 됐다. 다시 말해 역사적 자료들을 기초로 미뤄 짐작해 보면, 어떤 때 투자를 시작해도 7년 안에는 수익 구간에 진입했다는 말이 된다.

마지막으로 S&P 500지수의 70년간 연평균 상승률을 계산해 봤다. 거의 8%에 이른다. 부침이 있더라도 결국에는 오르고 또 오른다. 주가가 떨어졌을 때 섣불리 매도를 할 게 아니라 끈질기게 보유하고 추가매수를 하다 보면 언젠가 수익을 볼 수 있다는 것이다. 그러기 위해서는 마음을 잘 다스려야 한다. 단기간의 시세 변동을 피할 수는 없다. 하지만 '50%가 넘게 떨어져도 4년이면 회복을 했다는 점'을 절대 잊어서는 안 된다.

가만히 버티는 것도 실력이다

마지막으로 필자의 실제 투자 사례를 하나 소개하려고 한다.

필자가 산 종목의 주가가 당초 예상대로 흘러가지는 않았지만 열심히 버티고 버텨 승리한 사례다.

때는 기자가 된 지 3년째 되던 2016년 봄이다. 당시 필자는 주식 계좌가 있긴 했지만 특별히 투자를 열심히 하지는 않았다. 그러다 경영대를 나오고 투자 동아리를 했던 친구에게서 한 가지 정보를 듣게 됐다. 한 상장사가 새 호텔 카지노를 여는데 중국인 관광객들의 관심이 높다는 것이었다. 사실 지금 돌이켜 보면 별다를 것도 없는 정보다. 그런데 그 당시에는 뭔가 대단한 정보로 느껴져 500만 원이 넘는 돈을 그 종목에 투자했다.

별로 대단한 정보는 아니었지만 형편없는 정보도 아니었다. 새로운 호텔이 개장을 하고 거기에 카지노가 생기면 도박을 좋아하는 중국인 관광객들이 몰려들 것이다. 꽤나 그럴듯한 그림이지 않나. 매출이 늘어나고 주가가 완만하게 상승하고 필자는 부자가 되고, 그런 그림을 꿈꿨다.

그러나 불과 한 달이 채 지나지 않아 꿈은 산산조각이 났다. 사드 사태가 터진 것이다. 전혀 예상조차 할 수 없는 변수가 발생한 것이라 미리 대응할 수가 없었다. 갑자기 중국에서 한한령(한류 금지령) 제재가 나오고 중국 관광객들이 싹 사라졌다. 주가가 곤두박질을 치기 시작했다.

이 같은 악재가 터졌을 때는 어느 정도 손해를 보더라도 팔고 나오는 것이 정석이라고 한다. 향후 더 커질 수 있는 손해를 최소화하기 위해서다. 하지만 당시의 필자는 그런 생각을 할 능력도 여유도 없었다. 그저 돈이 너무 아까웠다. 울며 겨자 먹기의 심정으로 버티기에 들어갔다.

기다림은 거의 1년 반 넘게 이어졌다. 수익률은 −20% 안팎. 이제는 더 버티는 게 의미가 없다는 생각이 들 때쯤 기회가 찾아왔다. 돌연 한중 관계가 풀릴 수 있다는 보도들이 나오면서 시장에서 관련 종목들이 꿈틀대기 시작했다. 갑자기 필자가 보유한 종목의 주가도 상승세를 타기 시작했다. 결국 20% 넘게 손해를 보고 있던 필자는 결국 해당 종목으로 5% 안팎의 수익을 낼 수 있었다.

최근까지도 필자는 이런 경험을 몇 번 겪었다. 그때마다 '아, 운이 정말 좋았구나!'라고 생각을 하고 넘겼다. 그런데 여러 젊은 주식 부자들과 다양한 투자자들을 만나보고 생각이 바뀌었다. 주가가 오를 것이라는 믿음을 가지고 오랜 기간 가만히 버티는 것도 투자 실력이다. 그래도 흔들린다고? 못 버티겠다고? 그럴 때마다 떠올리자. S&P 500은 70년간 연평균 8% 가까이 올랐다.

하락장을 바라보는
새로운 시각

주식 시장이 항상 우상향 곡선만 그리면 참 좋으련만 마음처럼 그렇게 되지를 않는다. 2022년 상반기를 예로 들어 보자. 지속적인 금리 인상에 러시아의 우크라이나 침공이 겹치면서 주식 시장이 처참하게 하락했다. 2022년 1월초 1만 6000포인트에 육박했던 나스닥지수는 5월 중순 1만 1000포인트대로 떨어졌다. 같은 기간 S&P 500지수는 4700포인트 후반에서 4000포인트대 초반으로, 코스피지수는 2900포인트 후반에서 2500포인트 후반까지 밀렸다.

이럴 때면 각 증권사 리서치센터장 등 다양한 시황 전문가들의 목소리가 커진다.

"몇 포인트까지 밀리면 사세요." "이 이상은 안 떨어질 겁니다."

저마다의 근거를 가지고 예측을 내놓는다. 그런데 시황을 정확히 예측하는 사람은 거의 없다. 시장의 흐름은 다양한 변수들에 의해 좌우되는데 제아무리 유능한 사람이라 할지라도 이 다양한 변수들이 어떻게 변화할지 가늠하기가 매우 힘들기 때문이다.

그간 만나 본 젊은 주식 부자들 대부분은 이 같은 사실을 경험적으로 알고 있었다. 하락장일 때 멘탈은 어떻게 관리하고 대응은 어떻게 하느냐는 질문에 대체로 평소와 크게 다를 바가 없다고 답했다. 의외로 그렇게 특별한 비법 같은 것이 없었다. 그저 하락장이 오면 대외 변수에 크게 흔들리지 않는 종목들의 비중을 늘리거나, 예상보다 과도하게 빠진 종목들을 찾아 매수하는 식이다.

이렇게 태연하게 대응을 할 수 있는 이유가 무엇일까. 바로 경험 덕이다. 오랜 기간 주식 투자를 해오면서 하락장에서 대응하는 법을 이미 학습한 것이다. 젊은 주식 부자들이 대체로 긍정적이라는 점도 짚고 넘어가야 할 특이한 부분이다. 그간 만나 본 부자들은 모두 신중하면서도 유쾌하고 긍정적인 태도를 지닌 사람들이 많았다. 하긴 '난 잘 될 거야'라는 마음으로 노력해도 성공을 할까 말까인데 '난 안 되겠지'라는 마음으로 투자하는 사람이 성공할 리는 없을 것 같다.

경험에 대한 믿음과 긍정적인 태도

30대 전업 투자자 3명의 말을 소개한다. 하락장이 왔을 때 멘탈 관리는 어떻게 하는지, 투자는 어떤 식으로 대응하는지 설명하기 위해서다. 경험과 긍정적인 태도의 중요성에 대해서 느끼는 바가 분명히 있을 것이다.

"하락장이 오는 건 당연한 거예요. 문제는 미리 대비를 해 두고 있느냐인데요. 항상 미래의 장이 오늘과 똑같을 것이라는 가정하에서 생각하면 하락장에서 대처하기가 어려울 수 있어요. 그래서 늘 미래의 환경은 오늘과 다를 수 있다는 시나리오를 잘 세워두고 최상의 경우와 최악의 경우를 생각해 둬야 합니다. 그러면 당황할 일이 좀 줄어들 거라고 생각해요.

시장 상황이 어떻든 오르는 종목은 항상 있습니다. 그래서 희망을 잃지 않고 그런 종목들을 꾸준하게 찾는 연습을 하다 보면 수익을 낼 수 있는 기회는 항상 올 거라고 생각합니다. 주식의 좋은 점이 대인관계, 직장 스트레스 이런 게 전혀 작용을 안 하잖아요. 매일같이 시장에서 시장 참여자들과 대결을 하는 거죠.

순수하게 투자 실력으로 성패가 갈리는 거니까요. 노력하다 보면 언젠가 분명히 성공을 할 수 있을 겁니다."

"하락장이 올 때 한숨만 푹푹 쉬고 있을 것이 아니라 좋은 경험을 쌓는다고 생각하세요. 이럴 때 수익 내는 법도 한 번 배워 보는 거죠.

혹시 운전 처음 할 때 기억 하시나요? 처음에 운전대 잡았을 때 생각하면 모르는 것 투성이잖아요. 차선을 지금 바꿔도 되는 건지, 뒤차가 빵빵거리는데 이게 나한테 하는 건지, 내가 지금 차선 중앙으로 가고 있는 건지 아무것도 모르는 상황이 오면 당황하기 마련이거든요. 저는 이런 게 주식 투자랑 똑같다고 생각을 하거든요. 처음 투자를 시작하면 이 기업이 제대로 된 기업인지, 장기적으로 주가가 오를 것인지 판단이 안 서는 거죠.

그런데 운전한 지 20년, 30년 된 버스 기사 떠올려 보세요. 막 4차선에서 1차선으로 한 번에 차선을 변경하세요. 그런 판단이 가능한 게 그만큼 노련하기 때문이죠. 경험이 생겼다는 거거든요. 그런데 그게 특별히 노력한다고 된다기 보다 꾸준히 하다 보면 되는 거겠죠. 운전하는 사람들이 이제 4차선에서 1차선 가는 법을 공부해야겠어 하지는 않으니까요. 투자도 마찬가지입니다. 하다 보면 결국 운전처럼 잘하게 되는 거예요.

그리고 좀 손해 보면 어떤가요. 긍정적으로 생각해야죠. 제가 주식 관련 방송을 하면서 실시간으로 시청자들과 소통을 하는데 다들 세상 무너질 것처럼 질문하시거든요. 전쟁이 났는데 큰일 난 거 아니냐고 하시는데 저는 그냥 상황이 이런 걸 어떡하냐고 말씀드려요. 이럴 때 그냥 공부하는 시간으로 삼는 거죠. 전쟁이 나도 이런 기업은 별로 흔들리지 않는구나, 전쟁 났을 때는 특별히 이런 애들이 많이 떨어지는구나. 이런 지식을 쌓아두고 나면 나중에 비슷한 상황이 왔을 때 더 잘 대응할 수 있을 거잖아요. 그러니까 잠깐 손해 보고 나중에는 크게 벌면 되는 거라고 생각합니다."

"쉽게 수익이 나면 좋겠지만 세상에 쉽게 돈 버는 일은 원래 없잖아요. 주식 투자해서 수익이 쉽게 나는 거였으면 누구나 다 부자가 돼 있겠죠. 짧은 시간에 잠깐 수익을 낼 수도 있지만 긴 기간 동안에 많은 수익을 내는 건 정말 어려운 일이거든요. 수익을 낼 때도 있고 못 낼 때도 있는 거예요. 그걸 인정하셔야 해요.

기업이든 사람이든 성장하는 과정을 보면, 계속 우상향으로 쭉 성장하는 게 아니라 한 번 크게 성장하고 나면 좀 쉬면서 에너지를 응축하고 또 다시 한 번 올라가고 이렇게 계단식으로 성장을 하거든요. 영어 회화 공부를 할 때 몇 달 공부해도 진짜 안

늘다가 좀 지나서 보면 어, 그래도 좀 늘어 있네 이런 경험 있으시잖아요. 보통 그런 식이예요.

그러니까 시장도 계속 올랐으면 좀 쉬는 시기도 있는 거라고 생각을 하시면 되고요. 그럴 땐 또 여러 가지 종목 공부나 그런 시간의 비중을 늘리시면 된다고 생각해요. 이럴 때 판단을 해 보는 거죠. 만약에 회사는 성장하고 있는데 대외적인 여건 때문에 시장이 빠져서 주가가 하락한다. 그럼 고마운 일이죠. 좋은 주식을 싸게 살 수 있는 거니까요. 투자할 때 여러 가지 경험들을 하게 되실 텐데요, 항상 이렇게 긍정적으로 생각하셨으면 좋겠습니다."

마지막으로 한 정신건강의학과 전문의에게 "하락장에서 어떻게 하면 마음을 잘 다스릴 수 있을까요?"라고 묻자 돌아온 답을 소개한다. 이 전문의는 주식 중독자 치료를 20여 년 한 경험을 바탕으로 주식 관련 서적을 출간한 이력이 있다.

"먼저 하락장에서의 불안과 공포에 대한 이해가 좀 필요해요. 사람은 불안이 생기면 강박적으로 뭔가 확인을 하고 싶어져요. 그러니까 주가를 자꾸 들여다보고 이런 현상이 생기죠. 불안하면 정상적인 판단이 어려워지니까 패닉셀을 하게 되기도 하고요. 아니면 나보다 더 잘 아는 사람에게 의존하게 된다거나 하는 경향도 생기고요.

실제 연구를 해 보면 어떤 감정을 정확하게 명명만 해줘도 안정이 된다고 합니다. "아, 네가 불안하구나. 두렵구나." 이렇게 말만 해줘도 그 사람 감정이 수그러든다는 거죠. 특히 이럴 땐 심호흡을 하는 게 도움이 됩니다. 심호흡을 하면 미주신경이 자극되고 부교감신경을 활성화해 안정을 되찾을 수 있어요. 이렇게 해야 논리적인 판단으로 이어갈 수가 있죠.

또 '어차피 주식이라는 건 오르내림이 있는 거야'라고 이론적으로 알고 있는 것과 실제 경험하는 것은 아주 큰 차이가 있습니다. 그러니까 하락장을 통해서 투자자분들이 꼭 성장을 해야 합니다. 자신이 가지고 있는 투자 철학이나 전략을 점검할 수 있는 시기로 삼아야 합니다.

보통 사람이 내가 가진 실력이 70점인데 90점 맞으면 분석을 안 합니다. 떡볶이 사 먹고 놀러 다니기 바쁘죠. 그런데 70점 실력 가진 사람이 50점을 맞으면 뭐가 문제였는지 분석을 하죠. 결국 우리는 성공을 통해서는 분석하는 게 어려운 존재라는 말입니다. 인간은 이렇게 실패를 통해서만 분석이 가능하고 성장을 할 수 있는 존재입니다. 그래서 투자를 계속 해야 하는 분들이라면 하락장을 반드시 성장의 기회로 삼았으면 좋겠습니다."

자신만의 투자 기준을 세우는 방법

기자가 되고 나서 이메일을 정말 많이 받았다. 기사에 기자의 이름과 이메일이 나오니까. 기사를 읽고 자신들의 의견을 기자에게 보내는 것은 독자들의 자유다. 특히 사회부에서 일할 때 욕을 많이 먹었다. 사회적으로 논쟁적인 기사를 쓰면 여지없이 악성 댓글과 메일이 쏟아졌다. 유명인의 비위 의혹에 대한 기사를 썼다가 살해 협박을 받은 적도 있다.

증권부에 와서 시장과 종목에 대한 기사를 쓰다 보니 욕을 더 많이 먹기 시작했다. 아무래도 자신들의 돈과 관련된 것이니 그런 것 같다. 한 번은 필자가 '요즘 여의도에서 핫한 종목'이라며 한 기업을 분석하는 기사를 낸 적이 있다. 그 기업이 속한 산업

군의 향후 전망 등도 녹여냈다. 그런데 불행히도 기사가 나간 뒤로 주가가 조금씩 떨어지기 시작했다.

그러자 이메일 폭탄이 날아들었다. "얼마 받고 쓴 기사냐", "당신 때문에 얼마를 잃었다. 책임져라" 등등. 심지어는 친구까지 필자를 타박했다. "네 기사 읽고 샀는데 손해가 막심하다"면서 볼멘소리를 했다. 생각보다 시장에서 기사가 가지는 파급력이 크다는 점을 느꼈다. 기사만 보고 투자를 결정하는 사람들이 그렇게나 많다니.

억울했다. 그 기업을 꼭 사라고 추천하려는 의도로 기사를 쓴 것은 아니었기 때문이다. 그저 당시 증권가의 분위기와 기업의 사업모델 등을 자세히 설명한 것이다. 또 향후 전망과 함께 리스크가 될 만한 요소도 포함해서 기사를 썼다. 심지어 며칠간 빠지던 그 기업의 주가는 이내 정상궤도에 올랐다. 그 뒤로도 꽤 오랜 기간 상승세를 탔다.

당시에는 야속한 마음이 컸다. 왜 이렇게 욕을 많이 먹어야 하는지 잘 이해가 되지 않았다. 종목 기사를 쓰기가 무서울 정도였다. 그런데 투자 경험이 쌓이고 다양한 사람들을 만나면서 생각이 바뀌었다. 돌이켜 생각해보니 필자 스스로도 그런 마음이 있다는 것을 깨달았다. 이상하게 투자와 관련해서는 남의 말에 의존하게 되는 경향이 있다. 특히 나보다 더 잘 아는 것 같은 사람의 말이면 더 믿음이 간다.

아마 필자의 기사를 보고 욕을 한 사람들도 마찬가지였을 것이다. 끝까지 꼼꼼히 읽지 않고 일부 정보만 강하게 받아들였을 수도 있다. 심리학자들은 이를 두고 나보다 더 잘 아는 사람, 즉 권위에 기대는 성향이 있기 때문이라고 분석한다. 초보 투자자들이 가끔씩 남의 말만 듣고 투자를 결정하는 이유가 바로 이 때문이다.

권위에 기대는 성향에 과잉 확신과 확증 편향까지 더해지면 투자를 그르치게 된다. 투자에서 '과잉 확신'은 자신을 지나치게 과대평가하면서 생겨난다. 예를 들어 어떤 전문가가 추천한 종목에 투자해서 성공을 맛봤다고 치자. 필연적으로 그 전문가에 대한 신뢰도가 올라가게 될 것이다. 그러면서 자신의 능력에 대한 믿음도 높아진다.

'저 전문가가 말하는 대로만 하면 쉽게 돈을 벌 수 있겠지. 남들은 나처럼 과감하게 투자 못하겠지?'

어쩌다 운이 좋았을 뿐인데도, 특히 남의 말을 듣고 투자를 했을 뿐인데도 그 같은 결과를 자신의 능력에 따른 것이라고 착각하는 경향이 생겨난다. 이렇게 되면 특정 종목에 집중 투자를 한다든지, 단기 매매를 한다든지 하는 모습이 나타나기 쉽다. 꾸준히 안정적인 수익을 내는 데는 도움이 되지 않는 투자법이다.

'확증 편향'은 많은 정보 중에서 자기 입맛에 맞는 정보만 받아들이고 그렇지 않은 정보는 무심코 무시하게 되는 심리를 뜻한다. 아무리 객관적이고 논리적인 정보라고 할지라도 말이다.

A라는 종목에 투자하고 손해를 보고 있는 상태라고 치자. 이럴 때 사람들은 A라는 종목의 희망적 미래에 대해 이야기하는 사람들의 말을 귀 기울여 듣게 되기 마련이다. 안 좋게 얘기하는 사람이 있다면 '어? 저번에 그 전문가는 좋다던데?' 하면서 무시한다. 투자를 할 때 가장 피해야 하는 심리다.

시장에 객관적인 정보는 존재하지 않는다

최근 유튜브와 SNS에서 투자 관련 정보를 얻는 사람들이 늘어나면서 확증 편향으로 피해를 보는 투자자들도 늘어나는 추세다. 삼성전자가 올라갈 것이라는 희망을 가진 사람이 유튜브에서 삼성전자에 대한 긍정적인 평가를 하는 영상을 여러 차례 봤다고 치자. 유튜브 알고리즘은 그 사용자가 그런 영상을 선호한다고 판단하고 유사한 영상들을 계속해서 추천해줄 것이다. 그렇게 되면 믿음이 더 공고해진다. 다른 의견을 받아들이기 쉽지 않은 환경에 노출될 가능성이 크다.

우리는 투자를 할 때 다양한 정보들을 접하게 된다. 전문가의 말, 기사, 객관적인 수치 등등. 이 중에는 분명 정확하지 않은 정보도 숨어 있다. 이런 정보들을 취사선택해 합당한 선택을 내려야 성공에 가까워진다. 정확하지 않은 정보만 믿고 투자했다가 실패하면 그 손해는 누가 책임져 주나. 필자에게 이메일을 보냈던 사람들처럼 욕을 실컷 할 수 있겠지만 그렇다고 손해를 야기한 내 결정을 되돌릴 수 있는 것은 아니다.

그래서 투자자들은 항상 의심을 해야 한다. 모든 정보들을 무조건적으로 믿을 게 아니라 의심하고 또 의심하는 자세가 필요하다. 투자를 잘하려면 기준을 굳게 세우고 쉽게 흔들리지 않아야 한다. 그러기 위해서는 자신만의 것이 있어야 한다. 필자가 만나 본 젊은 주식 부자들은 대체로 자신에 대한 믿음이 강한 사람들이었다. 물론 자신이 선택한 투자 전략이나 방법으로 큰 부를 얻었으니 당연히 자기 확신이 있을 것이다. 특히 남의 말이나 정보에 쉽게 흔들리지 않는다고들 했다.

실패한 경험이 있느냐 물으면 '왜 없겠느냐'고 답한다. 그때 힘들지 않았냐고, 어떻게 버텨낼 수 있었느냐고 물으면 '자신은 성공할 수 있을 거라는 믿음'이 있었다고 한다. 자신들의 투자 전략이나 방법이 때때로 틀려도 괜찮다는 마음가짐이다. 틀리면 수정하고 고쳐서 다음 기회에 수익을 내면 된다는 것이다. 투자에 들이는 노력이 크면 클수록 이런 믿음이 굳은 것 같았다. 대체로 낙관적이고 의지가 강하다는 것이 젊은 주식부자들의 공통점이다.

마지막으로 한 70대 노인의 말을 소개한다. 수십 년간 꾸준히 주식 투자로 돈을 벌어 여유로운 노년을 즐기고 계시다는 분이다. 경험이 많으니 뭔가 교훈을 주실 수 있을 것 같아 자신만의 투자 기준을 세우는 방법을 여쭤봤었다.

구체적으로 그는 시장에는 객관적인 정보가 거의 존재하지 않는다고 인정하는 것이 우선이라고 말했다. 각종 소문이나 풍문은 물론이고 심지어 재무제표상 회계 정보도 해당 기업의 주관적 판단이 개입된 정보라는 것이다. 그렇기 때문에 투자를 할 때 접하는 모든 정보를 의심해야만 한다고 강조했다. 직접 보고 듣고 느끼는 정보들이 주가에 어떤 영향을 미치는지 파악하고 자신만의 이론을 정립하는 데 충분한 시간이 필요하다고 조언했다. 이때 남의 말이나 뉴스, 소문 등은 참고만 해야 한다.

돌이켜 생각해보니 이렇게 매사에 의심하고 주식 투자에 신중하게 접근하는 자세는 꾸준한 노력으로 이어지는 것 같다. 그간 만나 본 젊은 주식 부자들 중에서 주식 투자를 쉽게 생각하는 사람은 단 한 명도 없었다. 모두가 각자만의 방식으로 어마어마하게 많은 노력을 해왔다. 누구는 양질의 책을 수백 권 읽었고,

누구는 매일같이 몇 시간씩 내외신 신문기사를 읽었다. 아무도 못 믿겠다며 직접 투자할 회사를 찾아가는 사람들도 많다.

"제일 중요한 것이 자기 기준을 가지고 투자를 해야지. 나는 내가 알아서 찾아보지 절대 남의 말을 안 들어요. 내가 판단했을 때 잘 될 것 같은 회사에만 투자를 해. 그래야 마음이 편하지. 그러니까 내가 투자를 오래 하면서 실수도 많이 했지만 잃을 때는 조금만 잃고, 버는 것은 많았던 거예요.

투자할 때 제일 나쁜 게 욕심이야. 크게 실패하는 건 한 번에 큰돈을 바라니까 그런 거거든. 세상에 그런 건 없는 거라고 생각해야 돼요. 차근차근히 올라가야 탄탄하지, 하루아침에 올라가려고 하면 떨어져. 젊은 친구들이 그걸 꼭 알아야 해."

남의 말과 소문 등을 듣고 투자한 내역을 떠올려보자. 아마 자신만의 기준을 세우는 것이 얼마나 중요한지 깨닫는 계기가 될 것이다.

no.	종목명	투자기간	수익률
1			
2			
3			
4			
5			

10

아는 만큼 단단해진다

그간 만나 본 젊은 주식 부자들 중에 "저는 오히려 주가가 떨어지면 기분이 좋아요"라고 말하는 사람들이 몇 명 있었다. 자신이 보유한, 혹은 보유하고 싶은 주식 가격이 떨어지면 더 싸게 살 수 있으니 좋다는 말이다. 언젠가 그 주식이 오를 것이라는 확신이 있으니 저런 생각을 할 수 있을 것이다. 그리고 그 확신은 오랜 시간의 연구와 경험에서 나오는 마음이라고 생각한다. 잘 모르면 불안한 마음이 들 수밖에 없다.

있을 법한 일은 아니지만 이런 예를 들어보려고 한다. 갑자기 어떤 폭력배가 나타나 당신의 가족을 인질로 잡고 이런 제안을 한다. 여기 보이는 미국 ETF 두 개 중 하나를 골라서 투자해 보

234

라고. 1년 뒤에 수익이 나 있으면 가족들을 풀어주고, 그렇지 않으면 가족들을 해하겠다고. 고민할 시간 없이 바로 선택을 해야 한다. 시점은 코로나19 사태가 진정세로 접어들고 있는 2022년 4월이다. 폭력배가 선택지로 준 ETF는 다음과 같다.

1) 미국의 대표적인 지수인 S&P 500을 추종하는 ETF인 SPY
2) 만기 20년 이상 미국 국채 가격을 역방향으로 3배 레버리지 추종하는 ETF인 TMV

다시 말해 미국 우량 기업들의 주가가 오르면 수익이 나는 것에 베팅할지, 미국 국채 가격이 떨어지면 3배 수익이 나는 것에 베팅할지에 따라 가족들의 목숨이 달려 있는 것이다. 어떤 것이 합리적인 선택일까. 물론 시장 상황이 어떻게 변할지는 누구도 예측하기 어렵다. 그래도 가진 정보를 바탕으로 최대한 오를 가능성이 높은 ETF를 선택해야 할 것이다.

최근 시장의 가장 큰 관심사 중 하나는 금리의 변동이다. 코로나19 사태가 터진 이후로 경기 침체를 막기 위해 금리를 과도하게 낮춰 시중에 많은 돈이 풀렸다. 그러자 인플레이션(물가 상승) 등의 부작용이 발생했고 점차 금리를 인상해야 한다는 목소리가 높아지고 있다.

미국 연방준비제도(Fed·연준)은 2022년 3월 연방공개시장위원회(FOMC) 정례회의에서 금리를 0.25%포인트 올렸다. 향후에도 공격적인 금리 인상이 이뤄질 것으로 점쳐지고 있다. 금리가 오르면 대체로 주식 시장이 위축된다. 또 채권 가격은 떨어질 가능성이 매우 높다. 예외가 있을 수는 있지만 아주 낮은 확률이다. 역사적으로도 유례가 거의 없다.

다시 앞의 말도 안 되는 상황으로 돌아와 보자. 이미 이런 지식을 갖고 있는 사람이라면 가족들의 안위를 크게 걱정하지 않을 것이다. 채권 가격을 역으로 추종하는 ETF를 선택하면 가족들을 지킬 수 있는 가능성이 올라간다. 그런데 만약 지식도 경험도 없는 사람이라면 둘 중 하나를 찍어야 한다. 가족들의 생사를 전적으로 운에 맡겨야 하는 것이다.

아는 만큼 단단해진다. 많이 알면 아는 만큼 확신이 생기고 마음이 흔들릴 일이 적어진다. 워런 버핏은 이렇게 말했다.

"우리는 다른 사람들보다 더 똑똑해질 필요가 없다. 단지 그들보다 더 단련이 돼야 한다."

다음은 앞서 두 차례 언급한 적이 있는 30대 투자자 H씨의 말이다. 그는 투자에 성공하기 위해서는 시장 트렌드를 읽는 능력만큼이나 자신의 마음을 다스리는 마음이 중요하다고 강조했다.

"멘탈 관리는 사실 아는 만큼 된다고 생각을 해요. 확신이 있으면 불안하지 않거든요. 그러니까 확신이 없고 이 주식에 대해서, 이 종목의 미래에 대해서 내가 확실한 비전이 있는 게 아니고 그냥 가격만 보고 투자를 했을 때는 가격 변동에 따라서 불안감이 커지거든요.

그래서 저는 가격이 투자의 근거가 되면 안 된다고 생각을 해요. 어떤 종목이 올라가는 추세라고 하면 그 추세를 보고 투자를 하는 분들이 많아요. 그 종목에 대해 얼마나 속속들이 알고 있느냐가 중요한데도요. 언제 고점을 찍었고 언제 떨어졌고 다시 오르고 있고 수급이 들어오고 있고 이런 것들을 많이 생각한다는 거죠.

다시 말하지만 확신이 있어야 마음이 안정이 되거든요. 공부를 해서 이 기업이 어떻고 앞으로 어떻게 성장할 것 같고 이런 믿음이 있어야 안정이 되는 거죠. 예를 들어서 1억 원을 투자했는데 너무 불안하다는 마음이 든다면 내가 아는 것 또는 내 확신의 크기보다 더 많은 돈을 투자하신 거라고 생각하면 될 것 같아요.

저는 코로나19 사태 처음 터지고 투자금을 크게 늘렸는데요. 어차피 나중에 무조건 오를 기업들이 싼 상태로 있으니까 얼른 사야겠다는 생각이 들었어요. 바로 그런 겁니다. 잘 모르는 누군가는 불안함을 느낄 때 미리 준비가 돼 있었던 저는 기회를 찾은 거죠. 저는 지금도 제가 오를 거라고 믿고 있는 기업들이 떨어져도 전혀 불안하지가 않아요."

주식은 결국 멘탈이다

필자가 만나 본 100명이 넘는 젊은 주식 부자들은 멘탈이 강한 사람들이 대부분이었다. 강단이 느껴진다고 해야 할까. 요새 말로 요샛말로 하면 '센 캐릭터'라고 해야 할까. 대화를 나눠보면 그런 생각이 더 강해진다. 과장 조금 보태면 '전 무조건 성공해요, 실패 같은 건 생각해 본 적도 없어요'라는 마인드로 무장한 사람들이 많았다.

실제로 이런 질문을 꽤 많이 해봤다.

"전 항상 투자하고 나면 좀 무섭던데, 투자할 때 그런 마음 안 드세요?"

단 한 명도 "솔직히 저도 떨리죠" 이렇게 답한 사람이 없었다. 자신감으로 가득 차 있는 경우가 많았다. 자신감이 넘치지는 않더라도 자신이 옳은 선택을 했다고 믿는 사람들이 대다수였다. 그런 마음으로 치열하게 준비하고 과감하게 결정을 내려야 지속적으로 수익을 낼 수 있는 것 아닐까.

길지 않은 인생을 살아왔지만 세상 모든 일이 그런 것 같다. 지나친 자신감은 경계해야 하지만 적절한 자신감은 반드시 필요하다. 필자는 수험생활을 했던 2000년대 초반 한 선생님에게서 들었던 말을 아직도 삶의 지침으로 삼고 있다. 세상에서 가장 힘들고 불안한 때 아니던가. 그때 필자의 담임 선생님이 이런 말씀을 해주셨다.

"흔히 '할 수 있다'는 생각으로 공부들 하는 것 같은데 난 그런 말 싫어한다. '해야겠다, 하겠다, 나는 된다, 반드시 성공한다' 이런 마음으로 공부했으면 좋겠다. 살아보니 그렇더라. 무언가에 도전할 때 무조건 된다는 마음으로 노력해도 될까 말까더라. 그런데 내가 되겠어? 안 될 것 같은데? 의심하면 될 일도 안 된다. 자신감을 갖고 노력하자."

20년 가까이 지났지만 아직도 뇌리에 또렷이 남아 있는 말이다. 최근 젊은 주식 부자들을 만나보면서 이 말의 의미를 다시 한 번 되새기게 됐다. 마음가짐에 따라 많은 것이 달라질 수도 있다. 투자 역시 마찬가지다.

마지막으로 '주식은 결국 멘탈'이라는 생각을 가지고 있다는 J 씨의 말을 소개한다. 1장 03 '젊은 주식 부자들이 공통적으로 읽은 책'에서 한 차례 언급한 바 있다. 그는 필자가 만나본 투자자 중 가장 차분하고 욕심이 없는 분이었다.

"일단은 장기적인 문명 발전에 대한 믿음이 있어야 멘탈이 흔들리지 않을 것 같아요. 주식 시장이라는 것이 넓게 보면 인간 문명의 발전이 투영되는 장이라고 생각하거든요. 오래 기다리면 수익을 낼 확률이 더 높아질 수 있다는 부분을 이해하면 좋습니다.

옛날에 투자 스터디에서 만난 한 선배님이 주식은 결국 멘탈이라고 말씀을 하시더라고요. 제가 어린 나이에 그 말을 들었는데 그 이후로 저도 경험이 쌓이면서 그 말을 지침으로 삼고 있어요. 멘탈이 중요하다는 것을 생각하고 투자에 임하는 것과 별생각 없이 투자에 임하는 것이 투자 성과 측면에서 큰 차이를 불러오는 것 같아요.

그리고 우리가 투자를 하는 진짜 목적을 생각해보면 기분이 나쁘고 마음이 흔들리는 것에 대해서 고민을 할 필요가 없다는 결론이 나오거든요. 우리가 기분이 좋자고 투자를 하는 게 아니고 돈을 벌려고 하는 거잖아요. 그 핵심적 목적을 잊지 않으면 단기간에 손해를 본다든지, 주가가 오랜 기간 횡보하면서 지지부진해서 오는 감정적인 스트레스는 으레 겪는 통과의례라고 생각할 수 있어요.

그런데 거기에 감정적으로 반응하는 순간 투자를 그르치게 되거든요. 좀 더 보유하면, 혹은 좀 더 참았다가 사면 더 좋은 성과를 낼 수 있는 것도 스트레스 때문에 망치게 될 수 있다는 거죠. 그런 건 본인이 스스로 덫을 놓는 겁니다. 항상 차분하게 투자에 임하려고 노력을 하셔야 합니다."

'스트레스를 컨트롤해야 한다, 나만의 멘탈 관리법을 만들어라'와 같은 말들이 어쩌면 너무 쉽고 뻔한 조언이라고 느껴질지 모르겠다. 하지만 주식과 투자 전반에 대한 인터뷰를 할 때 솔직히 '완전히 새롭다!' 싶은 영감을 주는 사람은 많지 않았다. 오히려 기초와 기본, 모두가 다 알고 있지만 잘 실천하지 않는 것들을 설명해주시는 분들이 많았다. 돌이켜 생각해보니 세상 모든 일은 기초가 충실해야 한다는 생각이 든다. 투자 역시 마찬가지일 것이다.

지금까지 주식 투자로 성공한 젊은 투자자들을 만나면서 직접 보고 듣고 느낀 점을 빼먹지 않고 모두 소개하려고 노력했다. 이 책이 독자분들의 투자 인생에 조금이라도 도움이 되길 바라며, 성투를 기원한다.

YOUNG & RICH

부록

주식에서만 기회를 찾지 말자

달러를 잘 사고팔면 돈이 된다

대개 주식 투자를 잘하는 사람들은 다른 투자도 잘 한다. 돈 버는 DNA가 따로 있는 것 같다. 젊은 주식 부자들 중에서 주식이 아닌 다양한 투자처에서 수익을 낸 경험이 있는 사람들도 많다. 그래서 이번 장에서는 주식이 아닌 다른 투자처들을 소개해 보려 한다.

달러 투자가 주식보다 쉽고 부동산보다 안전하다고 주장하는 투자자를 만난 적이 있다. 3장 02 '도박과 투자의 차이점'에서 언급했던 P씨다. 실제로 그는 달러 투자로 1년에 100% 가까운 수익률을 기록한 경험이 있다. 달러 투자로 번 돈을 기반으로 주식과 부동산에 투자해 현재는 70억 원대 자산가가 됐다.

지금이야 달러에 투자해서 환차익을 누리는 사람들이 종종 보이지만 불과 10여 년 전만 해도 달러는 일반 투자자들이 편하게 접근하기는 어려운 투자처였다. 평소 투자에 관심이 많았던 그도 우연한 기회에 달러에 투자를 해봐야겠다는 생각이 들었다고 한다.

"부모님을 모시고 가족들 전체가 해외여행을 갈 일이 있었어요. 총 8명이 움직이니까 여행 경비를 쓰려고 좀 큰 금액을 환전을 해놨어요. 그런데 여행이 갑자기 취소가 돼서 재환전을 하는 일이 있었거든요?

그때 제 상식으로 재환전을 하면 환전 수수료도 들고 하니까 돈이 좀 줄어드는 게 정상이라고 생각했는데요, 재환전을 막상 하고 보니까 오히려 돈이 늘어난 거예요. 예를 들어서 100만 원을 달러로 환전을 했다고 치면 다시 원화로 재환전을 하니까 101만 원이 돼버린 거예요.

불과 한 달도 안 되는 사이에 환율이 올랐었나 봐요. 그때 처음으로 달러를 사서 이렇게 수익을 얻을 수 있다는 것을 알게 됐어요. 그 뒤로 여러 가지 다른 투자 경험들을 하면서 달러 투자 수익이 점점 더 늘어나게 되고 충분히 현금 흐름을 창출할 수 있다는 점을 체득하게 되었습니다."

그가 강조하는 달러 투자의 장점은 크게 2가지다.

첫 번째로 달러 투자는 안전하다는 것이다. 달러는 전 세계 시장에서 통용되는 기축통화다. 달러 가치가 갑자기 폭락해 가치가 없어진다거나 하는 일이 일어날 가능성이 매우 낮다. 어떤 기업의 주식은 하루아침에 30%가 하락하기도 하지만 달러는 그럴 일이 없다는 것이다.

부동산 투자와 비교해 봐도 마찬가지다. 부동산 투자는 정부의 정책에 따라 각종 규제에 시달릴 수 있다. 하지만 달러 투자에 대해서는 이렇다 할 규제가 없다. 특히 정책적으로 환율은 관리의 대상이다. 환율이 국가 경제에 미치는 영향이 크기 때문이다. 너무 높으면 낮게 조절하고 너무 낮으면 높게 조절을 한다. 그래서 하루아침에 큰 수익을 낼 가능성이 낮지만 갑자기 큰 손해를 볼 가능성도 낮다.

두 번째로 세금이 없다는 장점도 있다. 달러를 사고팔아 환차익이 생겼을 때는 수익이 1억 원이든 10억 원이든 세금을 전혀 내지 않는다. 정말이다. 국세청에서도 환차익과 관련한 뚜렷한 규정은 없다고 한다. 세법상 법인 사업자가 수출입을 목적으로 환차익을 발생시킬 경우에만 세금을 부과한다는 것이 세무 전문가들의 설명이다.

모든 투자가 그렇겠지만 쌀 때 사서 비쌀 때 팔면 수익을 얻는다. 달러 투자도 그렇다. 환율이 낮을 때 달러를 사 두고 기다렸다가 환율이 올랐을 때 팔아야 한다. 그런데 환율이 오를지 내릴지 예측하는 것은 주가의 향방을 점치는 것보다 더 어려운 일이다. 그래서 달러 투자에 섣불리 도전하기 어려워하는 사람들도 많다.

"저는 투자는 예측이 아니라 대응의 영역에 있다고 이야기를 많이 합니다. 그러니까 환율을 예측해서 투자를 하는 게 아니라 대응만 하는 거죠. 저만의 기준을 정해서요. 이 기준점 이하에서는 달러를 매수하면 수익을 얻을 확률이 높아진다고 생각을 하는 겁니다.

환율을 예측하는 것은 신의 영역이라는 말이 있어요. 그 만큼 예측이 불가능하다고 할 수가 있겠죠. 그런데 어떻게 보면 우리 같은 초보, 개인 투자자들한테는 그게 강점이 될 수가 있어요. 주식 투자 같은 경우에는 개인 투자자가 모르는 정보가 있을 수도 있고 사람마다 정보를 분석하는 능력이나 통찰력 이런 게 다 다르잖아요. 그런데 환율 같은 경우에는 예측 자체가 불가능에 가깝다보니까 더 공평한 기회에서 투자를 할 수가 있다는 거죠."

그가 처음 달러에 투자할 때는 단순하게 기준점을 잡고 시작을 했다. 역사적으로 환율 데이터를 살펴보고 가장 환율이 높았을 때의 1700원, 가장 낮았을 때의 700원, 그 사이의 중간점인 1200원을 기준으로 삼았다. 1200원 밑에서는 달러를 매수하고 그 위에서 매도해 수익을 냈다.

그 이후에는 경험이 쌓이면서 나름의 기준점 잡는 법을 만들어냈다. 직접 1주일치씩 환율의 평균을 내서 만든 데이터와 유로, 엔 등 세계 주요 6개국 통화 대비 미국 달러 가치를 지수화한 달러인덱스를 활용해 적정 환율을 계산하고 있다.

구체적인 투자법은 예상보다 더 단순하다. 환율 하락 중에 분할 매수를 했다가 상승기에 분할 매도하는 것이다. 예를 들어 1200원을 기준이라고 생각했다면 1200원에 10만 원, 1190원에 10만 원, 1180원에 10만 원. 이런 식으로 계속해서 꾸준히 매수를 한다. 매도도 분할해서 수익을 실현한다. 1100원을 찍고 상승기에 접어들었다고 치면 1110원에는 1100원에 매수한 달러를 팔고, 1120원 때는 1110원에 매수한 달러는 파는 식이다. 샀다 팔았다를 계속해서 반복하다보면 수익이 커질 수밖에 없다는 것이 그의 설명이다.

여기까지 보면 장기간 환율이 낮은 상태에서 유지될 때 어떡할지, 매수를 했던 시점이 고점이었다면 어떻게 대응해야 할지 등과 같은 의문이 들 수 있다. 그럴 때는 원화로 매수한 달러를 추가로 다른 곳에 또 투자해서 수익을 노려볼 수 있다. 우리가 투자 목적으로 매수한 것은 주식이 아니라 미국 돈인 달러이기 때문이다.

"제가 한 번은 달러를 너무 비싸게 산 거예요. 그래서 정말 비자발적 초장기 투자를 하게 된 상황에서 고민을 하다가 처음에는 달러를 정기예금에 넣어놨어요. 그래서 그 당시에 한 2% 정도 이자 소득이 있었거든요. 그러니까 달러 투자 손해를 좀 메꾸기도 하고 때로는 이자분이 달러 투자 손실분을 상회하기도 하고 하더라고요.

그러다가 금리가 점점 떨어지는 상황이 오게 되면서는 미국 배당 ETF에 달러를 넣어뒀어요. 그러니까 연 5% 정도 수익이 가능하더라고요. 배당 ETF는 주가 변동성도 심하지 않아서 안정적이죠. 그러니까 한마디로 달러 투자는 실패 확률이 극히 낮아요. 내가 달러를 사뒀다가 물려 있더라도 패자부활전이 가능하다는 거죠.

달러만 사서 보유하고 있는 것은 사실 돈이 일하게 하는 건 아니잖아요. 그런데 달러를 사서 ETF 투자를 했더니 돈이 쉬지 않고 일을 하게 된 거죠. 그래서 저는 주가가 떨어졌을 때는 주식에 투자해서 수익을 보고, 환율이 떨어졌을 때는 달러에 투자해서 수익을 창출하고 이런 식으로 계속 투자를 이어가고 있습니다."

투자 전반에 대한 사회의 관심도가 올라가면서 달러 투자의 인기 역시 높아지고 있다. 필자의 생각으로는 소액으로 재테크

훈련을 해 보고 싶은 사람, 아니면 안정적인 자산 유지가 필요한 사람들에게 적합한 투자법 같다. 큰 수익을 노리는 사람들에게 적합한 투자는 아니다. 대신 주식 투자에 비해 훨씬 더 안전하다. 달러 투자에 나서기 전에 이 점들을 반드시 고려해 봤으면 좋겠다.

비트코인,
진짜 우리의 미래가 될 수 있다

필자는 아직도 비트코인이 무엇인지 정확히 모른다. 2017년 세계적인 비트코인 열풍이 불었을 때 가상자산 이것저것에 투자를 하면서 공부를 시작했다가 금방 접었다. 문과 출신인 필자가 이해하기에는 어려운 개념들이 많았다. 그저 주변에 꽤 똑똑한 친구들도 비트코인 투자를 많이 하길래 아주 터무니없는 것은 아닐 거라고 생각했을 따름이다.

비트코인이 무엇인지는 잘 모르지만 사람들이 왜 거기에 열광하는지는 어렴풋이 이해할 것 같다. 2022년 4월 기준으로 국내 최대 가상자산 거래소에서 하루에 거래되는 가상자산의 총액수는 2조~13조 원 사이다. 2022년 1분기의 하루 평균 주식 거래대금이 19조 7000억여 원인 점을 감안하면 놀라운 수치다. 일 평균 가상자산 거래대금이 주식 거래대금보다 높을 때가 종종 생길 정도다.

이렇게 가상자산 투자에 돈이 많이 몰리는 것은 주식보다 높은 수익률을 기록할 가능성이 있기 때문이다. 가상자산 거래는 주식처럼 장이 열리는 시간이 정해져 있지 않고 24시간 내내 거래가 가능하다. 또 상하한가 제도가 없어서 수요와 공급에 따라 가격이 천정부지로 치솟기도 하고 지하 밑으로 뚫고 들어가기도 한다.

상황이 이렇다 보니 잘만 하면 큰돈을 벌 수 있겠다는 마음이 꿈틀거릴 수밖에 없다. 실제로 2017년 전후로 주변에서 가상자산에 투자해 큰돈을 벌었다는 이야기가 왕왕 들려왔었다. 투자가 필수가 돼버린 시대에 가상자산 투자에 목을 매는 사람들이 점점 더 늘어날 수밖에 없다. 아마 앞으로도 더 많은 사람들이 뛰어들 가능성이 높다.

취재를 하다 보면 가상자산 투자로 큰돈을 번 사람들도 만날 기회가 있다. 가상자산 투자로 수십억 원 이상을 벌어 가상자산과 관련한 사업을 하고 있는 30대 초반 투자자를 만난 적이 있다. 2016년부터 가상자산 공부와 함께 투자를 시작했다는 그는 비트코인이 70만 원, 이더리움이 1만 원일 때 처음 매입을 했다고 한다. 2022년 4월 기준으로 비트코인이 5000만 원, 이더리움이 400만 원 안팎이니 수익률을 따로 언급하지 않아도 얼마나 큰돈을 벌었는지 감이 올 것이다.

그는 여전히 가상자산의 가치는 상승할 것이라고 믿는다. 그 자체로 가치가 있기도 하지만 단순한 수요와 공급 차원에서도 가격 상승이 이어질 수 있다는 주장이다. 먼저 그에게 대체 비트코인이라는 것이 무엇인지부터 물어봤다.

"이렇게 설명을 드려볼게요. AI(인공지능)라는 기술이 있고 그걸 활용해서 만든 게 클로버 같은 AI 스피커잖아요. 사람들이 AI 스피커를 사용하는데 그 AI 기술이 어떻게 구현되는지 정확히는 이해하지 못하고, 이해할 필요도 없잖아요. 그것과 마찬가지로 비트코인도 블록체인이라는 기술을 적용한 가상 화폐라고 보시면 되는 거예요.

저희가 사용하는 원화나 달러 같은 국가가 발행한 화폐들이 있죠. 그리고 대기업이나 플랫폼에서 발행하는 화폐가 있어요. 페이스북(메타)의 리브라 같은 게 그렇죠. 그리고 네트워크에서 발행하는 화폐가 있어요. 그게 바로 비트코인의 시초라고 생각하면 됩니다. 네트워크의 중립성 때문에 누구나 쉽게 접근해서 사용이 가능한 특징이 있어요. 한국 사람이 굳이 달러를 쓰지 않고 페이스북에서 발행한 화폐를 구글에서 가져다 쓰지 않잖아요. 그런데 이 비트코인은 누구나 쉽게 접근이 가능하다는 거죠."

완벽히는 아니지만 어느 정도는 이해가 되는 것 같았다. 다음으로 궁금했던 것을 물어봤다. 비트코인과 다른 많은 코인들은 어떤 차이가 있는 것일까. 그리고 앞으로도 계속 가격이 오를 수 있을까.

"단순히 주식시장으로 따지면 우량주가 있는 것이고 그 기업과 비슷한 일을 하는 기업들도 많잖아요. 그렇게 이해를 하면 되죠. 특징이 있다면 네트워크를 만들어서 어떤 역할을 수행하는지, 그 코인이 무엇을 위해 존재하는지가 약간씩 다른 거고요. 시장에 여러 기업들이 있는 것처럼 다양한 코인들이 존재한다고 생각하면 될 것 같아요."

그는 비트코인 등 가상자산의 가격이 어떻게 변할 것인지에 대해서 단기적으로는 절대 알 수 없다고 말했다. 하지만 장기적으로는 가늠해볼 수 있다고 했다. 가상자산의 역할이나 기능이 점차 늘어나고 있고 계속해서 수요가 유지되고 있는 상황이라는 점에서 가격 역시 상승을 거듭할 수 있다는 논리다.

"비트코인은 '디지털 금'이라는 말들을 하죠. 희소성이 있다는 뜻입니다. 비트코인은 수학적으로 2100만개만 존재할 수 있거든요. 그러면 공급이 한정돼 있는데 수요가 늘어나니까 가격은 장기간에 걸쳐 끊임없이 오를 것이라고 저는 조심스럽게 생각하고 있고요.

그리고 기관 자금이 들어왔다는 점도 주목해봐야 할 것 같아요. 몇 년 전만 해도 개인 투자자들이 아니면 비트코인이나 가상자산에 전혀 투자를 안 했거든요. 그런데 기관 투자자들이 투자를 시작했다는 것에 큰 의미가 있는 것 같아요. 비트코인의 역할이나 기능이 제도권에서 인정을 받았다는 해석도 가능할 것 같고요.

사실 가격 전망에 대해서는 내가 다음 주를 목표로 하는지 1년인지, 10년인지 그런 것이 중요할 것 같아요. 아직까지도 수요가 많잖아요. 그렇기 때문에 가격은 올라갈 것이라고 생각하고요. 나는 어느 기간 안에 얼마를 투자해서 얼마를 목표로 하겠다는 계획이 있으신 분들이면 투자를 충분히 할 수 있을 것 같고, 다른 자산들에 투자를 많이 하고 계셔도 포트폴리오 분산 차원에서 가상자산에 투자하는 것이 나쁘지 않을 것 같아요."

그가 장기적으로 비트코인 등 가상자산 투자에 대해 긍정적인 입장을 유지하는 이유는 더 있다. 현재 가상자산 투자에 활발한 20~30대가 40~50대가 됐을 때 가상자산의 가치가 지금보다 훨씬 더 높아질 가능성이 있다고 믿어서다.

"통계적으로 사람의 생애주기에서 40대 중반이 가장 구매력이나 소비력이 높아지는 시기라고 합니다. 이건 한 경제학자가 주장했던 이론인데요, 그 40대 중반의 사람들도 투자를 할 거잖아요. 그때 본인들이 20대나 30대 때 성공했던 자산으로 돈이 몰린다는 가설이 있습니다.

그러니까 예를 들어서 20~30대 때 닷컴버블을 경험했던 사람들이 빅테크에 투자를 많이 하는 거고요. 저희 부모님 세대는 부동산의 급격한 상승을 경험했었으니까 계속해서 부동산에 집착을 하는 거고요. 그런 식인 거죠.

그러니까 이건 제 추측이지만 지금의 20~30대가 실제로 돈이 가장 많아지는 40~50대가 됐을 때 가상자산 시장에 돈이 많이 몰릴 수 있다는 생각이 들어요. 물론 지금 어르신들도 비트코인에 투자 많이 하시죠. 그런데 정확한 가치나 활용도를 알고 계실까 하는 의문이 있어요. 그런데 어린 세대는 조금 다르죠. 직접 사용을 해보고 장점을 느끼고 하는 세대잖아요. 그래서 아마도 그런 MZ세대들이 40대 중반이나 50대 중반이 됐을 때 가상자산의 가격도 가장 높이 상승할 수 있지 않을까 하는 생각을 갖고 있습니다."

실제로 투자 경험이 많은 투자자들 중에서 가상자산의 미래에 대한 확신이 있는 사람들이 많았다. 공통적으로 하는 말은 희소성이다. 비트코인은 최초 설계자가 공급량을 제한해 두었기 때문에 수요만 있다면 가격이 유지되거나 상승할 가능성이 크다는 논리다.

이 밖에 기관 자금이 유입되고 있다는 점을 긍정적으로 평가하는 사람들이 많다. 한 가상자산 전문가는 "앞으로는 비트코인을 보유하고 있는지 아닌지가 화두가 될 정도로 가치가 급등할 수 있다"고 내다봤다. 특히 2017년 가상자산 열풍 이후 유능한 금융투자업계 종사자들이 가상자산업계로 대거 옮겨간 점도 주목해볼 만하다. 가상자산의 인기가 잠깐 지나가는 유행이 아니라고 해석할 수 있는 단서다.

주변에 가상자산 투자를 하는 친구들이 많다. 대부분 돈을 벌지는 못한다. 샀다 팔았다를 반복하다 결국은 손해를 보는 경우가 많다. 또 단기간 가격 변동이 너무 크다 보니 심리적 불안감을 호소하는 친구들이 많다. 그럴 때마다 필자가 만나 본 젊은 부자들의 말을 대신 전달해준다.

"멀리 보고 여유 있게 생각해. 70만 원짜리가 5000만 원이 됐는데 10년 뒤에 1억, 2억 되지 말라는 법 있어?"

포트폴리오에
금과 은을 넣는 방법

금과 은에 집중 투자하는 투자자를 만난 적이 있다. 본인이 먼저 필자에게 이메일을 보내왔다. 젊은 주식 부자들 인터뷰 기사들을 잘 보고 있다면서 자신도 인터뷰를 한 번 해달라는 요청이었다. 종종 있는 일이다. 무턱대고 아무나 인터뷰를 할 수는 없는 법이어서 고민이 됐다. 그러다가 그분이 쓴 블로그의 글들을 읽어보게 됐다. 꽤 오랜 기간 금과 은에 대해 연구하고 고민했다는 것을 알 수 있었다. 믿음이 생겨 만나서 이야기를 들어보기로 결정했다. 무엇보다 얼마 되지 않는 돈이지만 자신의 전 재산을 금과 은에 투자해둔 상태라고 말해 관심이 더 갔다.

그런데 필자는 금과 은에 대해 아는 것이 거의 없었다. 경제가 어렵고 외부 변동성이 커지면 안전자산 수요가 늘어나면서 금과 은에 대한 사람들의 관심이 높아진다는 정도의 배경 지식만 있었다. 그래서 필자도 인터뷰를 위해 나름의 공부를 시작했다. 금과 은 투자와 관련한 기사들과 영상 콘텐츠들을 찾아 열심히 봤다. 그러다 갑자기 머릿속 한 편에서 아주 오래전 기억 한 조각이 떠올랐다.

2000년대 초반, 필자가 중학교에 다니던 때 꽤 잘 사는 집 친구가 있었다. 친한 사이는 아니었지만 얼굴과 이름 정도 아는 사이였던 것으로 기억한다. 또 한 가지 기억에 남는 점은 그 친구가 세뱃돈을 받거나 해서 돈이 생길 때마다 부모님 도움을 받아 금을 사 모았다는 것이다. 그 친구와 친한 친구를 통해 그런 이야기를 들었던 기억이 있다. 당시만 해도 투자에 대한 개념이 전혀 없던 때라 '금을 사서 모아두면 나중에 돈이 되나?' 정도의 생각만 했던 것 같다.

인터뷰를 위해 금, 은 공부를 하면서 갑자기 그 친구가 떠올랐다. 어렸을 때 기억을 더듬어 그 친구와 친했던 친구들에게 물었다. 왠지 그 친구가 엄청나게 큰 부자가 돼 있을 것 같았다. 부족함 없이 잘 살고 있다는 답이 돌아왔다. 결혼도 했고 집도 샀고 여유 있는 삶을 살고 있다고 했다. 원래 부잣집이어서 그럴 수도 있지만 투자라는 것을 일찍 접하고 살아서 더 여유가 있는 것 아닐까 하는 생각이 들었다.

또 궁금증이 생겨서 금값이 20년 간 얼마나 올랐는지를 한 번 찾아봤다. 2022년 4월 기준으로 금 1돈(3.75g)의 가격은 30만 원쯤 된다. 20년 전 가격을 찾아보니 5만 원이 채 되지 않았다. 수익률로 따지면 550% 안팎이다. 6배가 넘게 오른 셈인데 그 친구가 수백만 원 어치 금을 가지고 있었다고 치면 몇 천만 원이 됐을 것이다.

흥미로웠다. 그래프를 찾아보니 금값은 꾸준히 우상향 곡선을 그리다가 2010년대 초반 이후 10년 가까이 지지부진한 흐름을 보였다. 그러다가 코로나19 사태 이후로 다시 상승세를 타기 시작했다. 타이밍만 잘 잡으면 충분히 높은 수익률을 기록할 수 있겠다는 생각이 들었다.

그래서 금, 은 투자 고수에게 물었다. 앞으로 금과 은의 가격에 대해 어떻게 예측하는지, 지금 투자를 해도 괜찮을지 말이다.

"제가 지난 800년간의 금과 은의 가격 데이터를 분석해봤는데요. 특히 지난 100년을 놓고 보면 금이 한 번 상승 추세가 이어지면 짧게는 9년에서 길게는 13년까지 상승하는 것을 볼 수가 있어요. 다른 어떤 현물들과 비교해서 상승이나 하락세가 길게 나타난다는 거죠. 이건 다시 말해서 굉장히 가격이 비탄력적이라고 이해를 할 수 있을 것 같아요.

어렸을 때 한국지리 시간이나 이럴 때 공부했던 거 기억나실지 모르겠어요. 농산물 가격 같은 것이 굉장히 비탄력적이죠. 왜 그런가 하면 공급이 쉽지 않아서 그래요. 날씨나 여러 변수들에 의해서 풍작이 될 수도 있고 흉작이 될 수도 있고 그러니까. 공급이 불안정하면 가격 변동이 크고 길게 이어지는 거죠.

금과 은도 마찬가지라고 보면 될 것 같아요. 금 가격이 오른다고 해서 금을 쉽게 더 많이 캘 수 있는 게 아니잖아요. 이미 있는 광산은 생산량을 급격히 늘리기 어려울 거고요. 그렇다고 새로운 광산 개발을 하자고 하면 시간이 걸리고요. 그래서 공급이 수요를 따라오지 못하는 현상이 발생하니까 상승 추세가 분명하고 길게 이어지는 겁니다.

수요가 일정하게 유지된다는 가정하에 공급이 줄면 당연히 가격이 오릅니다. 금 생산량 차트와 금 가격 차트를 겹쳐서 보면 이해가 쉬운데요. 금의 생산량이 줄어들기 시작하는 시점부터 금 가격의 상승 추세가 이어지는 것을 알 수 있거든요. 그런데 금의 생산량이 2018년을 기점으로 점점 하락하는 추세예요. 그러니까 향후 몇 년간 금 가격이 상승 추세를 탈 것이라는 추론을 해 볼 수가 있는 것이죠."

나름 논리적인 이야기였다. 물론 6개월, 1년의 단기 흐름을 예측하기는 어렵다. 하지만 장기적인 상승세가 이어질 것이라는 이야기는 가능성이 충분히 있어 보였다. 특히 100년간 역사적으로 그래왔다는 점이 더 큰 믿음을 줬다. 실제로 많은 전문가들도 2022년 말까지 경기 침체 국면이 찾아오면서 안전자산인 금에 대한 수요가 꾸준히 유지될 것이라는 전망을 내놓고 있다.

그런데 금, 은 투자를 어떻게 하는지 모르겠다는 사람들이 의외로 많다. 투자를 할 수 있는 방법은 굉장히 다양한데 실제로 금은방 같은 곳에 가서 골드바, 실버바 같은 실물을 사서 보유하는 것도 한 가지 방법이다. 그 외에는 주식시장에 상장된 금, 은과 관련된 ETF나 ETN(상장지수증권)에 투자하는 방법도 있다.

최근에는 한국거래소의 KRX금시장에서 투자를 하는 사람들이 많아졌다. 주식처럼 금을 매매할 수 있는 시장이다. 11개 증권사 중 한 곳에 일반상품계좌를 개설하면 HTS를 통해 금시장 이용이 가능하다. 금 실물은 한국예탁결제원이 보관한다. 1g 단위로 구매가 가능해 소액 투자가 가능하다는 장점이 있다. 특히 양도소득 면제, 금융소득종합과세 대상 제외 등의 혜택까지 있다.

마지막으로 금, 은 투자를 시작할지 고민 중이라면 반드시 알아야 하는 점도 설명하려 한다. 금과 은의 상승 추세가 길고 분명하다는 것은 반대로 하락 추세 역시 그럴 수 있다는 것을 뜻한다. 한 번 잘못 물리면 5년이고 10년이고 원금 구경을 못하게 될 가능성도 있다는 뜻이다. 그래서 투자 전문가들은 포트폴리오에서 금과 은의 비중이 최대 20%를 넘지 않게 구성하는 것이 바람직하다고 설명한다.

"흔히 금과 은을 안전자산이라고 말하는데 그게 투자하는 데 있어서 위험성이 없다는 뜻은 절대 아닙니다. 구체적인 사례를 들어서 말씀드릴게요. 1980년부터 2000년까지 금 가격이 절반 넘게 떨어진 적이 있어요. 금의 고점에서 잘못 물리면 20년간 50%가 넘는 손실을 볼 수 있다는 말이죠. 이게 원금을 회복하는 데는 거의 27년이 걸렸어요. 이 당시에 은은 거의 90%가 빠졌거든요. 이런 걸 보면 안전자산이라고 절대 쉽게 접근하면 안 된다는 걸 알 수가 있죠."

04

별의 별것에 다 투자하는 시대

미술품을 수집하는 전문직 친구가 있다. 원래 예술에 조예가 깊은 친구라 그런지 사는 작품마다 가격이 쭉쭉 오른다. 불과 2~3년 전만 해도 평범한 사람이 미술품에 투자를 한다는 생각을 잘 하지 못했었다. 사회 전반적으로 투자에 대한 관심이 높아지면서 이런 일이 자주 목격된다. 생소하고 다양한 투자처가 주목을 받는 것이다. 물론 오랜 기간 검증되지 않은 투자처에 투자하기가 썩 달갑지 않을 수 있다. 하지만 이런 생소한 투자처에서 수익을 얻는 사람들이 더러 있다.

방금 언급한 미술품뿐 아니라 무슨 개념인지 제대로 이해하기도 힘든 NFT(대체불가능토큰) 등이 새로운 투자처로 떠오르고 있다. 이 뿐만이 아니다. 길거리에서 흔히 들을 수 있는 유행가의 저작권에 투자할 수 있는 플랫폼이 인기를 끌고, 와인 같은 술에 투자하는 사람들도 늘어나는 추세다.

이렇게 다소 생경해 보이는 투자처에 투자해 큰 수익을 거둔 사람들을 만나보고 싶었던 적이 있다. 몇 날 며칠을 수소문해 가면서 찾아봤지만 쉽지 않았다. 인터뷰 성사 직전까지 갔다가 엎어지기도 여러 번이었다. 아무래도 부담감을 많이 느끼는 듯했다. 남들 앞에서 투자법이나 투자 성과를 말하기가 쉬운 일은 아니니까. 충분히 이해할 수 있었다.

그러던 중에 영화나 드라마, 전시회 등 대중문화 콘텐츠에 소액으로도 투자할 수 있는 투자 상품을 만드는 회사가 있다는 정보를 접하게 됐다. 그 길로 바로 회사에 연락해 인터뷰를 잡았다. 실제로 그 회사가 만든 상품에 투자해 연 20%가 넘는 수익을 본 사람이 있다는 사실도 확인했다. 자신이 좋아하는 콘텐츠에 투자를 해서 돈까지 벌 수 있다니, 재미있는 투자가 될 수 있을 것이라는 생각이 들었다.

2019년에 설립된 F사는 투자 받기를 원하는 콘텐츠 제작사와 직접 접촉해 개인들도 투자를 할 수 있는 증권투자상품을 만든다. 개인은 50만~500만 원까지 투자를 할 수 있다. 정해진 기간이 지나면 콘텐츠에서 파생된 수익을 나누어 받는다.

원래 이런 콘텐츠 투자는 전문 투자기관의 몫이었다. 전 세계적 찬사를 받은 영화 〈기생충〉의 경우 약 20개 정도의 투자기관들이 있다. 투자기관들이 그 프로젝트에 투자를 하고 영화에서 발생한 이익을 나눠 갖는 구조다. F사는 일반인들도 이 같은 콘텐츠에 투자할 수 있도록 상품을 만들어 판매를 하는 구조로 사업을 진행하고 있다.

예를 들어 A라는 영화를 제작하는데 100억 원이 필요하다고 치자. F사는 A 영화를 만드는 제작사와 접촉해 5억 원 정도를 투자하겠다고 약속한다. 그리고 개인 투자자들에게 최소 50만에서 최대 500만 원까지 투자 상품을 팔아 돈을 모으고 그 돈으로 A 영화에 투자한다. 그리고 나서 수익이 나면 개인 투자자는 50만 원이든 500만 원이든 그 지분율대로 수익을 배분받는다. 수익을 산정 받는 기간은 통상 6개월에서 18개월 정도다.

한 종합편성채널에서 방영한 드라마에 투자한 투자자는 연 21%의 수익이 났다. 시청률이 5%~10% 달성하면 5%를 이익 배당하고, 시청률이 10~15% 사이를 한 번이라도 달성하면 6.5%를 이익 배당하고, 시청률이 15%를 초과하면 8%를 배당하는 상품이었다고 한다. 이 밖에 한 유명 사진가의 사진전도 연 10% 안팎의 수익률을 기록했다.

그런데 모든 투자 상품이 이렇게 좋은 수익률을 기록할 수는 없는 법이다. 투자자들은 당연히 안전성과 수익성을 두루 고려해 상품을 골라야 한다. 그런데 콘텐츠 투자는 대체로 하이 리스크, 하이 리턴이라는 인식이 많다. 수익이 나면 크게 날 가능성이 있지만 나지 않을 경우에는 손해가 매우 커질 수도 있다.

그래서 이 F사의 대표에게 콘텐츠 투자를 할 때 가장 주의해야 할 점을 물었다. 그는 콘텐츠 투자 업계에 20여 년 몸담아 온 전문가다.

"결국은 콘텐츠가 소비가 많이 돼야 매출이 늘어나잖아요. 그러니까 그 콘텐츠의 여러 요소들, 예를 들어서 배우나 콘셉트나 만드는 사람들이나 그런 것들을 보고 판단을 해야겠죠. 이 정도면 시장에서 어느 정도 평가를 받겠구나 하고요. 그런 판단력은 지식과 경험에서 나온다고 생각해요. 영화에 어떤 배우가 나오면 적어도 100만 명 이상의 관객이 들겠구나 하면서 예측을 하는 거죠.

저희가 최근에 한 작가의 사진전 투자를 진행했을 때 어떤 분이 회사에 직접 전화를 했어요. 전화를 해서 그 작가에 대해서 원래부터 관심이 많았다면서 이것저것 많이 물어보시더라고요. 그러더니 실제 투자에 참여를 하셨어요. 그 사진전이 무조건 성공할 것이라는 나름의 판단이 있었던 것 같아요. 실제로 수익이 났고요. 그러니까 개인이 잘 아는 분야, 예측이나 판단을 상대적으로 잘할 수 있는 콘텐츠에 집중하는 게 좋을 것 같아요."

필자도 이 회사를 통해 투자를 해보려는 마음을 먹었던 적이 있다. 꽤 흥미로운 투자처라고 생각했기 때문이다. 그런데 막상 투자를 하려 하니 잘 아는 분야가 없었다. 유명 배우가 나오는 영화에 50만 원만 투자해볼까 했다가도 코로나19 때문에 영화가 개봉이나 제대로 할 수 있을까 걱정이 됐다. 그래서 결국 '다음에 다른 콘텐츠에 해봐야지' 하고 투자 계획을 미뤘다.

거의 6개월이 지난 뒤에 다시 그 회사를 떠올렸다. 필자가 투자하려 했던 영화에서도 꽤 수익이 났다는 소식이 들렸다. 그간의 누적 투자 금액도 수십 억 원 이상으로 늘어 있었고 어떤 콘텐츠는 연 145%의 수익률이 났다고 했다. 굳이 주식에만 투자할 필요가 없겠다 싶었다. 이제 별의 별것에 다 투자하는 시대다.

05

부동산,
결국 가장 확실한 재테크 수단

비슷한 시기에 결혼한 친구 2명이 있다. 한 명은 무리해서 서울 변두리의 아파트를 샀고, 한 명은 전세를 들어갔다. 5년이 지나고 나니 두 친구의 삶은 완전히 달랐다. 변두리 아파트를 샀던 친구는 전국적인 아파트값 상승으로 인해 자산이 크게 늘어났다. 하지만 전세를 선택했던 친구의 삶은 팍팍하다. 올라버린 전세금을 갚는데 급급해 자산을 많이 불리지 못했다.

그냥 있을 법한 이야기가 아니라 최근 몇 년 사이 실제로 일어나고 있는 일이다. 개인적으로 집이 투자의 대상이 돼서는 안 된다고 생각하지만 가격 상승세를 보고 있자면 어떻게든 매수를 해야겠다는 생각이 든다. 괜히 '벼락거지'라는 말이 생겨난 게 아니다. 그만큼 부동산 가격이 많이 올랐고 부동산 투자를 하지 못한 사람들은 애만 태우고 있다.

사실 부동산 투자는 매우 안정적으로 수익을 낼 수 있는 수단이다. 주변에 주식 투자를 잘 못해서 돈 잃었다는 사람은 많이 보지만, 집 잘못 사서 망했다는 사람은 별로 없지 않은가. 부동산이 주식에 비해 상대적으로 안전하기 때문이다. 주식 사듯이 쉽게 살 수가 없는 게 문제다.

필자가 만나 본 젊은 주식 부자들 중에서는 주식으로 충분한 돈을 벌어 부동산을 매입한 사람들이 꽤 많았다. 주식 투자로 번 3억 원으로 아파트를 매입해 크게 자산을 증식한 사례를 소개한다. 그는 분명히 언젠가 부동산 투자를 할 기회가 올 것이라고 강조한다.

"2016년 말쯤이었어요. 그때만 해도 부동산 상승기의 초반이었다고 볼 수 있거든요. 어렵게 모은 3억 원으로 집을 사게 된 거죠. 당시에 제가 머리를 조금만 썼으면 마포구나 성북구 이런 데 아파트를 살 수 있었을 거예요. 그러면 지금 더 큰 부자가 됐겠죠. 공부하는 거랑 실전은 좀 다른 문제 같아요.

모은 돈으로 포털 사이트 부동산 탭에서 금액대와 평수를 설정하고 검색해서 동대문구에 있는 집을 매수를 했고 아직도 보유를 하고 있어요. 그때만 해도 3억 원 정도만 있어도 아파트를 살 수가 있었거든요.

 지금 젊은 분들이 부동산이 너무 많이 올라서 집을 사기 어려운 상황에 놓여 있잖아요. 그런데 분명히 언젠가 기회는 올 것 같아요. 꾸준히 투자하시면서 자산을 불려 두시고요. 그런 기회가 왔을 때 과감하게 결정을 내리시는 것을 추천드립니다. 부동산도 주식처럼 흐름이 있어서 상승기가 있으면 또 하락기가 올 수 있거든요. 그때까지 열심히 모아놓는 게 정답일 것 같습니다."

 얼마 전 한 방송 프로그램을 유심히 본 적이 있다. 2010년대 초반부터 2020년대 초반까지 주식과 부동산 가격이 얼마나 더 올랐는지 비교하는 내용이 나왔다. 개인 투자자들이 가장 많이 보유하고 있는 삼성전자 주식을 10년간 보유했을 때 수익률은 400%에 육박한다. 서울 강남구 역삼동의 한 대형 아파트 단지의 30평형대 아파트 한 채의 가격은 10년간 350% 상승했다.

 다만 부동산은 취득, 보유, 양도 등의 행위를 할 때 세금이 붙기 때문에 수익률은 더 낮아질 가능성이 높다. 주식에 비해 사고팔기가 어렵다는 단점도 있다. 반면 장점은 활용가치가 있다는 것이다. 부동산은 실제 거주를 할 수 있기 때문이다. 주식은 보유하고 있다고 해서 투자자에게 직접적으로 이득이 되는 것이 없다.

만약 우리가 10년 전으로 돌아갈 수 있다면 주식과 부동산 중 어떤 것을 선택하는 것이 옳을까. 개인의 선호에 따라 답이 갈릴 것 같다. 한 가지 확실한 점은 10년간 크게 오르지 못하거나 떨어진 주식은 꽤 많지만 그 사이 가격이 떨어진 땅이나 아파트, 건물은 많지 않다는 것이다.

수도권의 한 아파트를 매입했다는 30대 직장인 투자자가 했던 말이 생각난다. 주식과 가상자산 등에 주로 투자하는 그는 5년 만에 수 억 원을 모아 대출을 끼고 아파트를 샀다고 했다.

"아무리 안정적으로 하고 잃지 않는 투자를 한다고 해도 한순간에 전부 물거품이 될 수 있는 게 주식 투자거든요. 주식은 누가 뭐래도 위험자산이니까요. 코인은 더 심하죠. 그런데 제가 살고 있는 집은 무슨 전쟁이 난다거나 천재지변이 일어나지 않는 이상 물거품이 되기가 어렵잖아요. 그래서 돈이 생기면 꼭 부동산을 사야겠다고 생각했어요. 제가 이 집 매입한 지가 1년인데 벌써 시세가 1억 원 정도 올랐거든요. 주식, 코인 공부하고 매매하고 신경 쓰고 하는 것 다 따지면 오히려 부동산 투자가 더 마음 편하고 좋은 것 같다는 생각이 듭니다."

부동산 투자는 먼 미래의 얘기라고 치부하는 사람들이 많다. 그도 그럴 것이 2020년 국토교통부 자료에 따르면 주택 구매 때 비용 부담을 나타내는 PIR(연소득 대비 주택가격배수)는 수도권이

8배로 2019년 6.8배에 비해 크게 높아졌다. PIR은 월급을 받아 1원도 쓰지 않고 모아 집을 장만하는 데 걸리는 시간이다.

한 마디로 8년간 죽어라 일해 받은 근로소득을 모두 쏟아부어야 겨우 수도권에 집 한 채 살 수 있다는 뜻이다. 그간 수도권 PIR은 5.5배에서 7배 사이를 오갔는데 8배까지 치솟은 것은 2006년 관련 통계가 발표된 이후 처음 있는 일이라고 한다.

그러나 포기할 수는 없는 노릇이다. 미리미리 준비를 해야 한다. 청약통장을 만들어 두고 틈날 때마다 부동산 공부를 해 두면 좋다. 무엇보다 아끼고 투자해 돈을 많이 모아야 한다. 조만간 부동산 가격이 폭락할 가능성은 낮겠지만 손 놓고 있어서는 안 된다. 평생 투자를 해봐야겠다는 마음을 먹었다면 가장 안정적이고 수익률도 좋은 부동산 투자를 목표로 삼아야 한다. 우리 인생은 길고 기회는 언젠가, 반드시 올 것이다.

출처

* 기사 출처: 경제지 〈머니투데이〉

한국의 젊은 주식 부자들

1판 1쇄 인쇄 2022년 8월 8일
1판 1쇄 발행 2022년 8월 23일

지은이 한정수
발행인 오영진 김진갑
발행처 토네이도미디어그룹(주)

책임편집 박수진
기획편집 박민희 박은화
디자인팀 안윤민 김현주
마케팅팀 박시현 박준서 김예은 조성은
경영지원 이혜선 임지우

출판등록 2006년 1월 11일 제313-2006-15호
주소 서울시 마포구 월드컵북로5가길 12 서교빌딩 2층
독자 문의 midnightbookstore@naver.com
전화 02-332-3310 팩스 02-332-7741
블로그 blog.naver.com/midnightbookstore
페이스북 www.facebook.com/tornadobook

ISBN 979-11-5851-246-0 (03320)